T0278210

La intensa vida

CONTEMPORÁNEOS|Berenice

ZOÉ VALDÉS

La intensa vida

Berenice

© Zoé Valdés, 2022
© Editorial Almuzara, s. l., 2022
© de la fotografía p. 69: Enrique Álvarez
© de las fotografías pp. 14 y 225: Gustavo Valdés

Primera edición: octubre de 2022

Berenice • Contemporáneos
Director editorial: Javier Ortega
Maquetación de Daniel Valdivieso Ramos
www.editorialberenice.com

Editorial Almuzara
Parque Logístico de Córdoba. Ctra. Palma del Río, km 4
C/8, Nave L2, nº 3. 14005, Córdoba

ISBN: 978-84-18709-51-7
Depósito Legal: CO-1493-2022

Reservados todos los derechos. «No está permitida la
reproducción total o parcial de este libro, ni su tratamiento
informático, ni la transmisión de ninguna forma o por cualquier
medio, ya sea mecánico, electrónico, por fotocopia, por registro
u otros métodos, sin el permiso previo y por escrito de los
titulares del *copyright*».
Cualquier forma de reproducción, distribución, comunicación
pública o transformación de esta obra solo puede ser realizada
con la autorización de sus titulares, salvo excepción prevista
por la ley. Diríjase a cedro (Centro Español de Derechos
Reprográficos, www.cedro. org) si necesita fotocopiar o escanear
algún fragmento de esta obra.

Impreso en España/*Printed in Spain*

Índice

Por lo mismo el papel de escritor es inseparable de difíciles deberes. Por definición no puede ponerse al servicio de quienes hacen la historia, sino al servicio de quienes la sufren. Si no lo hiciera, quedaría solo, privado hasta de su arte. Todos los ejércitos de la tiranía, con sus millones de hombres, no le arrancarán de la soledad, aunque consienta en acomodarse a su paso y, sobre todo, si en ello consiente. Pero el silencio de un prisionero desconocido, abandonado a las humillaciones, en el otro extremo del mundo, basta para sacar al escritor de su soledad, por lo menos, cada vez que logre, entre los privilegios de su libertad, no olvidar ese silencio, y trate de recogerlo y reemplazarlo, para hacerlo valer mediante todos los recursos del arte.

ALBERT CAMUS
Fragmento del discurso de aceptación
del Premio Nobel de Literatura (1957)

Lo peor de ser un exiliado es que ningún lugar del mundo consigue ser el adecuado. Lo mejor es que el lugar adecuado está en ti mismo.

La vida no es sólo la realidad palpable —aunque algunos lo crean así—, los sueños y la imaginación conforman esa parte intangible y a veces inasible de la vida. En este libro aparecen buena parte de mis sueños y escritos imaginados como fragmentos de novelas o poemas pintados, sin razón lógica, como no sea la de la lírica, la ironía, acompañadas del humor. Deseé siempre ser una mezcla de Celia Cruz, la perrita Laika y Buster Keaton. Léanlo alegres y sonrientes, escribí con el paracaídas abierto —o no—, esparrancada, con un pie en la tierra y otro en la luna.

Dedico estas analectas cerreras a mi hermano Gustavo Valdés, y a mis lectores.

ZOÉ VALDÉS

YO VENGO DE AQUÍ

Para Andrés Pascual

Esto sí que es lo mío. El gran sonero Carlos Embale terminó peor que el inmenso Ñico Saquito. Este último solía, al final de su vida, casi medio ciego, envolver cubiertos en servilletas de papel de estraza en «La Bodeguita del Medio» (visto por menda, que fui su amiga) a cambio de que le sirvieran un plato de frijoles negros con un cucharón de picadillo encima. Por su lado, Embale mendigaba limosna en la calle, pero no dinero, directamente pedía comida. Así terminaron dos de los más grandes músicos que había parido la Cuba de antes del engaño; tristemente no han sido los únicos en acabar de la manera más paupérrima y desoladora que pueda usted imaginar.

Mi mamá era muy amiga de Embale. Embale la adoraba, porque china como él, y amiga del trago, se extasiaba así con la bembita colorá echá p'alante ante esa inigualable voz. Embale le metía tremendas serenatas y peroratas de enamora'o guilla'o, ahí donde se la tropezara: en el bar de O'rreilly o en el bar Águila, en cualquiera de aquellos antros de ardor mi madre era una de sus musas.

Gloria Ying Martínez Megía y Pérez, que así se llamaba mi madre, lo que se redujo a «la chinita» o a Gloria Martínez, igual que la serenísima modelo del célebre cuadro de Cundo Bermúdez, invariablemente separaba un plato de nuestra pobre cocina para Embale, y salía a zancajearlo por las calles de La Habana Vieja con una cantina hirviendo envuelta en un trapo, para que allí donde él se encontrara pudiera por lo menos calentar las tripas. Embale era fácil de localizar, pues se paraba a mendigar muy cerca del hotel «Ambos Mundos» o por la esquina del «Café de París» o por los alrededores del antiguo bar «Lluvia de Oro». El mismo bar que también frecuentó mucho antes el curda de Víctor Manuel, pintor de «la china tropical», nada de «la mulata».

A veces era yo la que iba con la cantina en búsqueda y captura de Embale. Cuando lo encontraba, siempre me señalaba con el dedo y con aquella sonrisa suya y su pelo ya medio canoso, como si yo fuera un gran personaje: «Ahí estás tú», parecía decir, pero sólo sonreía. Él se sentaba en una escalera, en el interior de un zaguán a comer, todavía con esos buenos modales de gente de antes, que nunca lo abandonarían. Entonces yo pegada a él me ponía a observarlo mientras le preguntaba *zanacás*, de mis boberías, que él respondía con parsimonia.

El guaguancó que yo gozo me viene de él, de Celeste Mendoza, y de Los Muñequitos de Matanzas, a los que también fui a ver y a oír en varias ocasiones allá en un turbio solar matancero, acompañada de mi segundo marido. Era en una época en la que todavía de las latas de luz brillante no sólo se sacaban chispas, además se extraía el verdadero ritmo de la vida del solar cubano. Que no era chusmería ni bajeza, era mucha clase y compás.

Ahora lo que queda de todo aquello es una tremenda clase, pero de mierdeta al cuadrado, y del compás ni la sombra de una afilada punta.

Yo vengo de aquí, de eso, y de lo de más allá, pá que tú sepas; y lo demás es soledad y lecturas, también con su buena dosis de callejerismo bobo.

CAMPANAS

Hoy, mientras paseaba por el bosque, recordé que de niña me encantaba ir haciendo campanas al lado de mi madre o de mi abuela, hasta la escuela o hasta cualquier lugar al que nos dirigiéramos. Era la razón por la que mi abuela siempre me ponía un *short* de caqui debajo de la falda color gris rata o caca de mono del uniforme, para que no me vieran el blúmer agujereado y zurcido cientos de veces.

Llegaba con la cara encarnada y con las manos churrosas a todas partes. Mi primo me llamaba marimacha. A mi me gustaba. Yo a él lo llamaba mariquita. A él también le gustaba. Pero entonces mi abuela me rayaba un «yiti» (porque yo era la que había empezado con el cuqueo), o me callaba con un tapaboca, que me ponía la bembona a punto de pedófilo.

Lo de las campanas se tuvo que terminar cuando me salieron las teticas, después me crecieron más, no mucho más; entonces ya fue peor. Porque la blusa se me encaramillaba y los varones se volvían todavía más estúpidos.

En eso pensaba hoy cuando andaba por el bosque (lobo feroz ausente, aclaro): en las campanas que hacía durante cuadras y cuadras, en mi blusa caída sobre mi rostro destapándome las tetas, en los varones babeados; tanto, que en cuanto yo les iba para encima se mandaban a correr. Sí, yo siempre fui la que tocó a los varones antes de que ellos lo hicieran conmigo. En aquella época creía que así era el amor —después maduré,

17

por desgracia—; pero ustedes saben, ellos siempre se quedan con esa primera idea del amor.

Cómo me gustaría terminar con todo de esa manera: esparrancada haciendo campanas, la blusa encima de la cara, y con eso que yo pensaba que era el amor... No sé en otras partes, pero aquí en Francia jamás he visto a una niña haciendo campanas en la calle, y no creo que sea debido a que lleven «blúmeres» matapasiones zurcidos.

BACK TO... BLOOD
NO LLEGÓ AL RÍO

Ser despistada tiene sus ventajas y sus desventajas. Soy una despistada de antología, mucho que me he beneficiado de mis despistes sin ni siquiera advertirlo. Pero otra que compite en la misma división, y ayer pude comprobarlo, es mi querida July Del Rio.

Con July salí a almorzar en un sorprendente y soleado Miami (cada vez que visito esa ciudad llueve a mares), tanto que le he puesto Charconia, por los charcos, y no sólo... Pues ayer no llovió, hacía un sol que partía el alma desfiguraba el rostro, y hería el sentimiento. July Del Rio maneja un automóvil amarillo incandescente. No recuerdo la marca, nunca me he aprendido ninguna marca de automóvil; es más, es algo a lo que no le encuentro ningún interés. El hecho es que parqueamos, o parqueó ella, y pagó 7 dólares por el estacionamiento en un parquímetro (tardé diez minutos en entender el parquímetro, July, en años, jamás lo ha entendido); nos dirigimos a almorzar mientras hablábamos de lo humano y de lo divino.

Una hora y media más tarde estábamos de vuelta bajo un sol que le retraqueteaba los mameyes hacia el vehículo amarillo. Pero el vehículo amarillo no estaba allí, ni en ninguna parte por los alrededores de todo aquello. July Del Rio, muy calmada y astróloga ella, me tranquilizó un punto resignada, o resingada:

—Primera vez que me roban el carro en Miami en todos los años que llevo en este país (40).

Ninguna de las dos sabíamos qué hacer, ni a dónde dirigirnos. El «indio» (sol) castigaba cada vez más potente y prepotente mis neuronas, fue cuando me dije: «Antes que me las derrita tengo que encontrar la solución». La solución, en estos casos, es la policía, consejo de mi madre, que ya les explicaré en otro momento el por qué ella encontraba solución invariablemente en un traje de policía. Aquel consejo me ha perseguido durante años, y salvo en Cuba me ha sido siempre de una gran utilidad: «Si te pierdes, al primero que vas a ver es a un policía», me repetía mi madre. En Cuba, claro, esto no funcionaba ni funciona, porque allá los policías en la mayoría de las ocasiones en lugar de «encontrarte» son los que te «pierden».

Mi vista planeó por aquel lugar de esquinas todas idénticas. Allá en lontananza divisé a un policía, como deben de ser los policías: grandullón, uniformado y bien armado, con unos cuantos teléfonos y *walkies-talkies* colgándole del hombro y de la cintura.

—Ay, *policeman*, viejo, necesito su ayuda, «*pliz*»! —Mi cara era un poema de Eurípides.

Iba dándome golpe de pecho, escote bajado con toda intención (una se cree que todavía tiene veinte años), en el mejor estilo trágico de mi tía Nélida, dos dedos tamborileándome en el sentido, la lágrima a punto de rodar por la arrebolada mejilla, en una cutícula, no del todo afuera.

—*Yes, madam*.

Ya yo andaba reguindada de un párrafo de la última novela de Tom Wolfe *Back to Blood*? como un suicida del andamio.

—Me robaron el carro —pronuncié en un sofoco muy del diecinueve (el siglo).

—¿Qué marca es su carro? —replicó en español al darse cuenta que mi inglés es nivel más bajo que el de *Dora La Exploradora*?

—No sé, yo no conozco de marca de carros, yo sé de bicicletas, que es lo que manejo —se me fue, porque esta lengua mía es incontenible.

—Documentos de registro del auto, *Madam*... —pidió con el ceño fruncido y evitando la confrontación pupila a pupila.

—No lo tengo —y otra vez la lenguaza desat'á, como el pespunte mal hecho de un dobladillo.

—Ah, ¿pero no tiene documentos de registro del carro que maneja? —intrigado, y un tín autoritario.

—No manejo, *policeman* —¿seré idiota?

—¿No maneja y le han robado el auto? ¿Quién delinque entonces, usted o el que le ha birlado el auto? —me detuve a pensar que el verbo «birlar» es como muy antiguo, ¿no? Y es que a mí lo de hacerme la escritora me pierde.

—Aaaaaahhh —por fin me caí de la guásima—. Es que el auto no es mío, es de July Del Rio —como si él la conociera de toda la vida.

—¿July Del Rio? —el policía estaba a punto de zarandearme para que yo volviera en sí.

—Sí, de aquella señora, que es mi amiga —finalmente entendimos todos. Hasta July, que ahora se quejaba de que también le habían robado un tareco para inválidos, de parquearse, que se cuelga del espejo.

Entre una cosa y otra July no encontraba su documento de registro del auto, pero entonces el policía le metió la mano en la cartera. Revolvió, y por fin, en medio de un burujón de papeles (ella es igualita que yo, guarda mierda en el bolso hasta para hacer casquitos) halló el carnet.

Con aquel carnecito el policía empezó a rastrear el coche y toda la policía de Miami lo llamaba a su vez por cualquiera de los múltiples *walkies-talkies* que llevaba, pero nada. Nos montamos en la patrulla, rastreamos medio Miami. Y nada, tú.

Por fin apareció otra patrulla, focos y farolas encendidas a todo meter que competían con el rutilante sol de las tres de la tarde. July, menos mal, se acordaba de la marca de su carro, y yo del color, que repetía en todo momento:

—Amarillo, es «*yellow*», como el submarino de los Beatles, pero un poquitín más como chillón cítrico.

—*Madam*, ¿el botón, usted lo tiene, no? —preguntó extenuado el policía.

Pensé en un botón de la blusa de July, que probablemente en el lleva y trae se le había zafado. Pero ella pensó en el botón de abrir el garaje de su casa. El policía, armado ahora más de paciencia que de armas:

—No, *madam*, el botón de control para localizar su auto.

—Ah, no, yo no tengo nada de eso —contestó July en lo que yo le revisaba la pechera a ver si le faltaba algún botón de nácar.

En una de esas, July escudriñó el cielo, y al bajar los ojos y posarlos en una callecita aledaña a la que en verdad se suponía (suponíamos) que debió ella de haber aparcado su auto, descubrió que allí, oh ángel del tisú, en aquel bendito paraje, a la vista de todos, se encontraba su primoroso «perol» sin que nadie se lo hubiera llevado para ningún lado en ningún momento, y mucho menos robado.

A esa hora y con aquel recaò no sabíamos ninguna de las dos en dónde meternos frente a la autoridad. Pedimos disculpas muy modositas a los agentes del orden por el desorden —más que desorden, caos ocasionado— y nos largamos, yo chancleteando hacia la carroza que nos retornaría a palacio… Sin que la sangre llegase al río.

MAMÁ Y LOS POLICÍAS

Mi madre sentía un enorme respeto por los policías. Consideraba que ser policía era uno de los más difíciles oficios del mundo: mantener el orden público y garantizar la seguridad ciudadana. Para ella era un oficio, y sus consideraciones se remontaban a antes del año fatídico: 1959. Después, con el tiempo, su opinión varió. Los policías, además, debían de darse a respetar —decía. Un tío de mami —por la parte materna— había sido policía en Dublín, para mi madre era como haber sido médico en cualquiera de las guerras mundiales.

Como ya una vez me había perdido en uno de los viajes que ella y yo hacíamos a la bodega —yo tendría unos tres años—, en lo que ella compraba los mandados me escabullí y me escondí en una escalera a varios solares de donde ella se encontraba, y que pocas horas después me halló la policía (todavía servía para algo), pues entonces se dio a la tarea de enseñarme una cancioncita con la dirección de la casa en caso de que si me volviera a perder supiera cantársela a cualquier policía que me encontrara, o que yo hallara. Lo mismo hice yo con mi hija décadas más tarde.

En una época posterior, yo ya tendría casi cinco años, mi madre trabajaba cuidando las casetas de la playa del Náutico, una mañana me pidió que la acompañara para que pasara el día en la playa con ella. Llegamos al Náutico y me dejó en la orilla, con mi trusa y mi cubito, me suplicó que no me moviera de allí, que ella vendría de vez en cuando a echarme un vistazo, lo que hizo durante el día.

Pasé una jornada muy entretenida; tanto que no me di cuenta de que había empezado a caer la tarde, y luego el crepúsculo. La playa se fue quedando desierta, hasta que me vi yo sola en medio de la arena. Mi madre no aparecía por ningún lado, las taquillas estaban ya cerradas a cal y canto. Sin embargo, recordaba que mi madre me había repetido mil veces que no me moviera del sitio hasta que ella no viniera por mí. Pero ella no venía, y yo tampoco, por más que busqué, divisaba a un dichoso policía por todo aquello para cantarle mi cancioncita, en cuya letra rezaba la dirección de mi casa.

El asunto es que mi madre, tan despistada como yo, o yo como ella, que esto nos viene de familia, cerró las taquillas como cada día, presurosa por llegar a casa y besar a su niña. Tomó la ruta 32, se bajó lo más cerca de La Habana Vieja, llegó extenuada al cuarto de la calle Muralla. Largó los zapatos, los pies inflamados de estar tantas horas de pie lidiando con el público playero.

—¿Te ha dado mucha guerra la niña? —le preguntó a mi abuela, que la miró con ojos desorbitados.

—¿Qué niña? —respondió atónita mi abuela.

—¿Qué niña va a ser? La mía, la única, tu nieta.

—Pero si la niña se fue contigo esta mañana, ¿dónde la has dejado? —las pupilas azules de mi abuela enrojecieron con un furor irlandés.

—¡Ay, se me olvidó la niña en la orilla! —exclamó golpeándose la frente.

De inmediato pegó un grito de terror y misterio, salió corriendo descalza hasta la parada de la 32. Iba en un puro temblor y en un griterío —según me contó más tarde.

El caso es que el policía que yo esperaba ver aparecer no lo hizo nunca. Sólo vi al cabo de varias horas a una mujer enloquecida que corría hacia donde yo todavía en trusa y guarecida bajo una espléndida luna rezaba un mantra inventado en un idioma también inventado. La mujer era mi madre, anegada en llanto, desesperada...

—¡Menos mal que te encuentro sana y salva! —sollozó al abrazarme.

—No me perdí, esta vez no me perdí yo solita —repetía en letanía.

—¡Qué barbaridad que no haya un policía por todo esto! Si hubiera habido un policía la cosa habría sido diferente... —protestó mientras me ayudaba a vestirme.

Bueno, en verdad lo que no había era una madre por todo eso. O sea, no hubo «ella» por todo aquello.

Regresamos en la ruta 32, o en la 132, no me acuerdo bien. Desde aquel día, en caso de que yo la acompañara a alguna parte, mi madre se enganchaba en una tira del ajustador con un alfiler de criandera un papelito de cartucho que marcaba: *La niña ha venido conmigo, no olvidarla.*

Durante años he padecido las peores pesadillas como consecuencia de aquel extravío; sueño que he dejado olvidada a mi hija en la escuela, o en cualquier otro sitio... Pero que, al final, siempre habrá un policía dispuesto a ocupar mi papel de madre.

MAMI, EL DESCONOCIDO, CELIA Y VERDI

Desde hace dieciséis años, cada 5 de agosto, a la misma hora, nos encontramos todos en el cementerio de Pére Lachaise en París, en la División 59. ¡Casualidad, caray, ese número fatídico! Dieciséis años y aquí estamos los mismos de siempre.

Él llega con su ramo de rosas blancas, yo con mis rosas amarillas y mi mata de mandarinas (el olor de mi madre).

La tumba que él visita se encuentra a unas diez tumbas de la de mami, coloca su ramo de rosas encima de la tumba; yo hago igual en la de Gloria, la planta de mandarinas a un costado.

Él destapa sonoramente una botella de champán y rocía la tumba al pie de la que, entonces, se pone a cantar a toda voz un aria de Verdi.

Yo espero.

Oigo todo ese Verdi reverdecido en su voz de tenor opacado por la melancolía. Por fin se hace el silencio.

Ahora es él quien espera.

Es mi turno.

Destapo la botella de ron, suelto unos buches encima de mami eternamente dormida debajo del mármol, y pongo a Celia Cruz a toda mecha, con su *Mambo del amor*.

Nunca en dieciséis años él y yo nos hemos dirigido la palabra, y sin embargo, cada 5 de agosto, mi madre y la persona a la que él viene a visitar en su tumba, nos unen a través de Verdi y su champán, y de Celia y el ron Bacardí.

A la salida del cementerio, el desconocido hace una especie de reverencia con un gesto elegante de la cabeza y yo agito tímidamente mi mano en el aire. Ambos nos despedimos en silencio, hasta el 5 de agosto del año próximo.

LÍO COREANO-VENEZOLANO

Creo que la cosa pudo haber sucedido de la siguiente manera:
RauletaFraudeLight, el tirano marica de Cagonia (ex Cuba)
haló por el bejuco (teléfono) y puso su peor voz aguardentosa
en función de formar ruido en «la sistema»:

—Oye, Putinesco, viejo, hay que acabar con lo del guanaje-
te del burro de Venezuela. Hay que virar la atención del mundo
hacia otro aguaje.

Putinesco, torso desnudo y depilado, tetillas erizadas, a caballo, tipo centauro:

—Esto te lo resuelvo yo en nájcovich.

Putinesco, uñas tornasoladas, teclea el numerito del
Chinoe'Manila:

—Oye, ChinoéMierdekovich...

—No, es Chinoe'Manila. Mi nombre es... Xi PingA.

—Da igual, pa'l caso es lo mismo. RauletaFraudeLightko-
vich necesita nuestra ayuda. Aunque acaba de envenenar a dos
americanos en La Habana con claria sazonada con moringa,
aquello no hizo ningún efecto. Tenemos que meterle presión
al Kim Jon UnKovich a ver si desata algún petate raro p'a que
Trumpikovich se ponga pa él.

—Coño, mi entlaña, eso está quelido.

Cuelgan.

Chinoe'Manila le manda un Whatssap al coreanito:

—Kimjonunito, asele, mila vel si te pones p'a ejto y tila otlo cohetico mieldelo eso de los tuyos que te caen en el dedo goldo del pie, pelo ejta vej, encobio, apunta pa Guam.

—¿Pa Guantánamo?

—No, consoltico, pa Guam, cojone. Mila, able un mapa y ejtudia.

—¿Y qué calajo me van a dal ujtede pol esa misión?

—Aselongo, milapacá, la inmoltalidad...

—No, ya esa la tengo de sobla... Coleanocomunista no muele nunca, se lecicla.

—Contla, ambia, no te me ponga difícil, dice LauletaFlaudeLight que te va a legalal unos cuantos millones de los que dejó el Penco del blódel clavao en Suiza, un balco lepleto de dinamita...

—Que no me lo mande pol Panamá, que la otla vé pol nada lo palten en dó.

—Y un puñaíto de ceniciticas de la Piedla, como lecueldo sentimental.

—La cenicita que se la meta pol el ojete, que me mande lon.

—¿Lon?

—Sí, lon Havana Clú.

—Atábien. La cosa es llamal la atención de la plensa esa que esclibe mielda pala que al bullo de Venezuela lo dejen tlanquilo y pueda despingal máentodavía el paí. De tal modo Tlum se vila pa ti y deja tlanquilo al bullo y los amelicanos pueden seguil complando petlóleo a Venezuela.

—Táhecho, mi helmanito. ¿Y con Ilán qué hacemo?

—¿Qué Ilán?

—Ilán, el de los ayatolaj.

—Aj déjalos lezando el Allah nuestlo que ejtá degollando en los cielos eulopeos...

Ambos se desconectaron del Whatssap con un PionelospolelcomunismoSelemoscomoelChe y HastalaVitoliasiemple.

Koniek.

DEL BOSQUE FRANCÉS
EN PRIMAVERA

Del bosque francés en primavera: su verdor intenso. Ese verdor que tanto inquietaba a Paul Gauguin: otro *papipaquetúsepas*. Aunque ese orden cartesiano de los árboles, los pájaros melodiosos y el tenue sol bordando a mano las arboledas me sacan de quicio.

Definitivamente prefiero el monte, la manigua, el alboroto de la espantosa pajarracada cubana, el «indio» devorándome la carne, y yo devolviéndole las dentelladas, tomate pintón mediante.

MARICONA

Dedicado a un Gongorino Mojón Nasal de Facebook, criticón con faltas de ortografía.

Por aquella época ya yo había vivido y hasta sobrevivido en, y a, todos los solares habanaviejeros que se puedan ustedes imaginar con sus respectivos derrumbes y albergues; el más significativo de los albergues, aquel de la calle Montserrate con sus folclóricas fajazones a machetazo limpio por culpa de un tarro o un queseyó o un quesécuándo, y hasta al haber dormido dos años en las lunetas del cine Actualidades. Entonces, tras tantas enriquecedoras experiencias, me mudé, siempre enamorada (sólo enamorada una puede volver a la mierdaza de un solar: lo que te habías jurado jamás no volver a padecer), a otro típico solarcito. En esta ocasión fue a un solar del Vedado, subrayado Vedado, y enamorada, reitero, del que vendría siendo el noséquénúmero hombre de mi vida.

Lo cierto es que, pese a la mala fama, jamás había yo oído tantas malas palabras juntas en ninguno de aquellos antiguos palacetes coloniales venidos a ruinas en los que había crecido y pernoctado, como en aquel solar del Vedado al que me había recién mudado y del que mi númeronosécuántohombredemivida hablaba maravillas tipo «Las Maravillas», el restaurante de mala muerte, y no las de lo realmatraquilloso de Alejo Carpentier.

Pasaron los días, y me empeñaba yo en estudiar en francés la poesía de François Villon o en escribir haikus a lo Matsuo Basho o a imitar a Tatsuko Hoshino y de pronto un alarido telúrico me sacó de mis quimeras literarias: «¡Mariconaaaaaaaaaaaaa, acaba de ponerte el uniformeeeee, cojoneeeee, que vas a llegar tarde a la escuela de mierdaaaaaaaaa esaaaaaaa!». O más tarde, cuando empezaba a reinar el crepúsculo habanero aquel tan peculiar: «¡Mariconaaaaaaaaaaaa, ¿y qué repingaaaaaaaaa te dieron de comer hoy en el comedor de la escuelaaaaaaa esa de mierdaaaaaa?!».

Entonces, desde mi ventana que daba al mar, oí una vocecita de niña, como de unos cinco o seis años, que respondía dulcemente: «Chícharos, arroz con gorgojos, tilapia con cáscara». Cáscara era el pellejo ese gris y escamoso y espumoso de la tilapia, el pescado más asqueroso del planeta después de la claria. Greta Thunberg debiera protestar contra esos pescados horripilantes.

Con Maricona me tropecé varias veces en la escalera. En el solar nadie sabía a ciencia cierta cómo se llamaba, puesto que sus padres siempre reclamaban su presencia a grito pelado por el apelativo de: «¡Mariconaaaaaaaaa!». Y todos optamos por llamarla como ellos: Maricona. Ella era la primera que entablaba conversación con los vecinos y hasta con los desconocidos. Maricona, pese a su corta edad ya apuntaba maneras, caminaba con una cambreadera de cintura muy propia de su nombrete, hablaba pestañeando y virando los ojos en blanco, y manoteaba con las manos más partidas que un pájaro del Lorca (el teatro habanero). No más llegar de la escuela primaria se liberaba del uniforme y andaba en «blúmer» por todos los pasillos, metiéndose en casa ajena, cosa que yo no puedo criticar porque con su edad yo hacía lo mismo, aunque ella ya chismeaba y yo no.

El caso es que no sé por qué razón, una tarde de esas en que yo estudiaba las desgarradoras ondulaciones en la obra de Camille Claudel, catálogo de afuera mediante, una corredera por el pasillo interrumpió mis refinadas elucubraciones. El padre de Maricona —vendedor de turrones de maní tostado que se hacía con frijoles colorados achicharrados— la perseguía con un grueso cinto, hebilla comprendida, sostenido por el amenazador puño. Maricona, al igual que yo, parecía un venado. Parecía no, era como yo, un venado, en todas las acepciones de la palabra. Pero ya empezaba a cansarse, y a agitarse acorralada de una esquina a otra del pasillo.

Venado como tal, y en absoluta solidaridad con aquel pichón de venado que ya era Maricona y que me recordaba mi tierna infancia, ni corta ni perezosa le abrí la puerta del cuarto para que pudiera entrar y refugiarse allí. Maricona no lo pensó dos segundos, se coló por la puerta a toda velocidad, seguida de su padre, que del empujón me incrustó en la descascarada pared. Pero Maricona no se detuvo, y siguió corriendo en el vacío al lanzarse por la ventana que daba al mar (fuente principal de mi inspiración lírica). Yo vivía en un tercer piso.

Sucedió todo demasiado rápido. El padre de Maricona también se arrojó en pos de ella cinturón en mano. Acudí a la ventana, lo más trágica que se pone una en semejantes circunstancias. Cuál no sería mi asombro al observar que Maricona había caído en el césped, se había levantado como un bólido y ahora cruzaba la calle hacia el parque de enfrente. Pero con tan mala suerte que mientras su padre caía en el mismo césped y se erguía no sin cierta dificultad, Maricona recibía un topetazo cuasi mortal de un Aleko, esos carros para «pinchos» (dirigentes comunistas) borrachones que vendían en Cuba con la finalidad de asesinar a los transeúntes.

Cuál no sería mi sorpresa, repito, al comprobar, al igual que corroboraban al mismo tiempo el resto de los vecinos descolgados de los balcones y terrazas aledañas, que Maricona, cual muñeca de goma o de poliespuma, pese a haber sido arrollada por el Alekocriminal, se sacudió las piernas como si con ella no fuera y continuó carrera en pelo a ocultarse detrás de un arbusto. Allí la atrapó, no, perdón, la agarró el padre que, sin vacilaciones de ningún tipo, le dio una tremenda *entrá* a cintarazos, pues para eso era que él se había lanzado de un tercer piso: con la intención de propinarle una buena reprimenda a Maricona, su hija pequeña.

Mientras le daba una *entrá* de las buenas, seguía llamándola por su sugerente nombre: ¡Mariconaaaaaaa! Y Maricona sin soltar una lágrima, pero con el puchero dibujado en un rictus tipo Al Pacino al final de *El Padrino*, resistía. Y resistía sin chistar.

Tras insistentes sugerencias del vecindario los padres llevaron a Maricona a las Urgencias más cercanas, cosa de investigar si se había roto algo al caer del tercer piso o al ser arrollada; pero no, Maricona se encontraba en un excelente estado de salud. Ni un rasguño ni un trauma, tú, como esos que les quedan para toda la vida a los niños europeos ante el hecho de oír un mero gritico de la madre o un impropio gestico fuera de lugar del padre.

A cada rato me acuerdo con nostalgia de Maricona, me pregunto qué será de su vida de adulta. ¿En qué mujer se habrá convertido?

Hace algún tiempo mi hermano y yo paseábamos por New York, haciendo las *boutiques*, que no la calle, y a mí me gustó una cartera en una vidriera tanto como a él. Me dijo cariñoso: «Mira que eres maricona». No se equivoca. Sí, yo siempre he sido una gran mariconaza en todo. Una mariconaza que escribe lo que oye y lo que ve —y algunas veces recurre a lo que lee—. Una mariconaza que, gracias a lo que escribe, pudo recuperar su verdadero nombre.

Más conocida por Lenguaechucho, en otros tiempos Maricona.

ZINC Y CALAMINA

Anoche hablé con Cuba. Cada vez que hablo con Cuba son, después, de tres a seis meses de tratamiento psiquiátrico intenso y psicoanálisis. Psicoanálisis que hago, o hacía, con una argentina, quien la última vez que fui a verla a su consulta con este problema de los post-traumas vía ETECSA fue tan fuerte la cosa que ahora es ella la que se psicoanaliza conmigo. Bien... Llamé para saber más de la bebé recién nacida y bautizada como Blutú Clara de Todos Los Santos. Evito llamar a una parte de esa familia, porque son totalmente disfuncionales. Prepárense para lo que sigue. Gente del campo, muy buena, pero:

—La niña está bien, mi prima. Tu prima es la que está un poco así... —me comenta mi primo segundo de su hermana.

—¿Así cómo? —y me empiezan a salir escamas como a los limpiapeceras con tifus.

—Bueno, se está tomando el zinc y calamina porque se siente como con manchas por dentro, en el interior...

Le hago repetir para comprender si de verdad entendí bien. Y entendí tal cual...

—Primero, yo una vez me tomé el zinc y calamina, pero por equivocación. No llevaba espejuelos y pensé que era el Alusil, porque como en Cuba las etiquetas de los medicamentos las pegan con saliva pues no podía saber cuál de los dos pomos era el correcto. Segundo, ¿cómo puede saber ella que tiene manchas por dentro? ¿Vio al médico?

—Mi prima, la gente del campo aquí sabe más que los médicos —en eso le doy la razón.

—Pero no puede seguir tomando zinc y calamina, se está envenenando, ese es un medicamento para la piel...

—Bueno, ¿y qué hay por dentro del ser humano si no es piel? —responde en tono de qué-prima-más-tonta-tengo.

—¡¿Pero ella se cree una cartera Prada reversible o qué?! —grito al borde del paroxismo.

Silencio del otro lado. Por fin roto con un:

—Ya gasté el dinero que me mandaste la última vez con lo del repello de la pared.

Llevo más de treinta años repellando paredes en Cuba con mis derechos de autor. Y para colmo, creo que es siempre la misma pared.

LA ESCLAVA PERFECTA

Hoy me di el día libre. O sea, no me acerqué ni por un segundo por la Plantación, allí donde siempre me esperan los deliciosos latigazos a los que se refería Truman Capote: «Cuando Dios te da un don, también te da un látigo». Me he vuelto adicta a los fuetazos, de vez en cuando debiera descansar de ellos, hacerlo más a menudo no me vendría nada mal. Debiera «espaciarlos», en una palabra.

Leí bastante esta tarde, aproveché y ordené mi mente. Yo tengo ese problemita, soy muy mental, y necesito acotejarme la mente, así, *cadrée*, que quede meticulosamente ordenada como las piezas en un tablero de ajedrez. Tauro, o sea puntualmente metódica para el estudio. Y toda ansia. Toda afán.

Debiera precisar que estuve leyendo varios textos sobre la esclavitud en el Caribe. Muy pocos saben que en el siglo XVII una gran cantidad de esclavos en esa región y en las posesiones británicas en Norteamérica eran blancos y católicos. Pero claro, blancos al fin, costaban barato, y debido a su frágil salud morían fácilmente. Entonces, también eran fácilmente desechables. Escoceses e irlandeses contaron cientos de miles entre esa población esclava. Mi lado irlandés y mi lado chino (otra raza esclava) me proyectan siempre en esa dirección. Esclava de mí misma, como en *El atormentador de sí mismo*, mi obra preferida de Terencio.

En aquella época los ingleses no mataban tanto a los irlandeses, durante aquellas guerras intestinas; preferían atraparlos y venderlos como esclavos. Hubo muchas mujeres blancas esclavas por esa misma razón, allá, en el Caribe mío, por imaginado ahora.

Cuando leo sobre este tipo de historias me remonto muy lejos y puedo situarme allí, en la piel de una de esas mujeres blancas esclavas. Torso al aire mientras recibe esos latigazos, labios mordidos, puños cerrados. Al final del libro, o en la esquina de la página, siempre me está esperando la idea. La idea inédita. Esa otra mujer que soy yo. Esa mujer que invariablemente me esclaviza.

Estuve revisando mensajes en uno de mis privados de Facebook. Le decía a esa persona entonces que no creía en el tema por el que me preguntaba. Entonces él respondió: «No importa, creo en "La Mujer"». Lo escribió con mayúsculas. Ahí me alumbré un poco. «La Mujer». Sí, creo que soy «Esa Mujer», siempre vencida por «La Idea». Su esclava perfecta.

«CORRAL» ES LA PALABRA

Como dice en su perfil de Facebook el pintor Pavel Lominchar, aquello es ya como un inmenso «corral». Rebosante de carneros, reitero yo, dispuestos a aplaudir una tras otra las patadas por el sainete póstumo que les han propinado segundo a segundo durante más de sesenta años.

Al menos se les escapó «un gallo del corral», subraya mi querido Pavel. Portando una bandera americana, digo yo, y creo que lo detuvieron. No estoy muy segura porque yo ya no estoy muy atenta a nada de esos actos de auto-repudio y auto-vómito de ese manso y cansón pueblo.

El caso es que surgió un «patriota» de los que allá se dan alrededor de estas fechas y una vez por año por la casilla A4 del graciosito cuadernito de racionamiento, y agitó encima de sus hombros una bandera norteamericana. No importó que en su pecho llevara una desgarrada bandera cubana. Lo único que vieron los represores, siempre tan activos en los actos del 1ro de mayo, fue la «abominable» bandera norteamericana. Y, según pude enterarme, de reojo así por encima de la coqueta polvorienta de Facebook, de inmediato lo detuvieron.

Sí. Apresado por llevar una bandera estadounidense. ¿Pero no era que estaban queriendo hacerse amiguitos de los americanos? ¡Qué gente tan incongruente, *polDió*!

Por otra parte, ni se inmuten, ya verán ustedes al «patriota» de marras, maletica de rueditas a rastras en dirección a la

Ciudad del Sol, Miami, de televisora en televisora, donde ya le habrán reservado el rol de «libertador» de Cuba, hasta el próximo acto de carneros que se produzca en la isla auspiciado por todas las organizaciones comunistas que controlan absolutamente todo, e igual hasta que los divulgadores miamenses comprueben que el supuesto «libertador» sólo se proponía saludar con «vehemencia combativa y revolucionaria» el arribo de otro benefactor Crucero «yanqui» a la isla.

Loquetrajoelbarcoetcéteraydemás…Yaesquemeaburroyomismadelomismoconlomismo.

ENTRE EL TIRAPIEDRAS,
LA MOTERA PERFUMADA
Y LA *PLUME COQUINE*

Un célebre crítico literario inglés me pide vía privado de Twitter que defina la corriente literaria de la que yo me siento deudora o a la que pertenezco. Para halagarme, o creyendo que con eso lo hará, suelta —probablemente sin pensarlo demasiado— que él opina que soy la primera figura descollante de eso que ahora llaman «el realismo sucio».

Respondo de la manera más distinguida que está a mi alcance, aunque ya saben ustedes que en algunos aspectos mis límites carecen de alcance:

«Agradezco infinitamente su intención de definir mi estilo literario (por no decir, como me digo a mí misma, que maldigo su estampa al intentar rebajarlo a esa bazofia de realismo apestoso). No pertenezco a ninguna corriente literaria ni nunca me interesó pertenecer a nada, más bien lo contrario. No suelo interesarme en destacar ni descollar como no sea de manera muy íntima, allí, aliviando la soledad de cada uno de mis lectores, *mon semblable, mon frère*, que diría Charles Baudelaire retomado por Jaime Gil de Biedma. Considero que la lectura es un acto de soledad extremo, fascinante, purificador, y mi mayor ambición es acompañar al lector en ese acto de alquimia y soledad, haciéndolo a mi vez con mi mejor acto de soledad como aprendiz eterna: El de la creación».

El crítico como buen crítico, insiste y persiste. Alguien según pretende él, con anterioridad habrá con toda seguridad calificado mi obra en algún sentido, por alguna vía... Silencio sepulcral, me alejo de Twitter... Regreso al rato, después de haberme lavado la cabeza con un mejunje de aguacate y limón recomendado por mi hija.

«Mire, hace muchos años, cuando publiqué mi primer libro de poemas, titulado muy pretenciosamente *Respuestas para vivir*, escrito para colmo a los 17 años —ya me dirá usted si a los 17 años viviendo como se vivía allá en Aquella Isla alguien hubiera podido tener «respuestas» para cualquier tontería, y mucho menos para esta enorme estafa estrafalaria que es la vida; sobre todo una cubana nacida bajo un régimen totalitario, es que ni aún hoy con 58 años poseo respuestas significativas para nada, y francamente las preguntas me las reservo para mis instantes de dulces retos y juegos o trifulcas amorosas, prosigo—: pues hace mucho tiempo, cuando aquel libro fue editado, una década más tarde (y en poesía todo es siempre demasiado tarde), mi querido amigo el poeta Osvaldo Sánchez escribió muy generosamente eso de que mis poemas, o sea, mi poesía, jamás podría ser encasillada en ningún molde preconcebido, porque yo era *esa* a la que nunca reclamarían para una antología de poesía cuyo tema, sugerido de antemano, eliminaría también por anticipado cualquier intento de aporte imaginativo del lado del lector. Recuerdo con mucho amor aquella crítica, porque no sólo fue valiente puesto que yo no era nadie, mucho menos que Ulises cuando debió llamarse *Nadi*, además ya desde entonces «nadie» (en el sentido literal de la palabra) me daba un espacio en una antología y era rechazada por esos mismos, los *yatúsabes* de toda la vida, que a la larga tanto me han enriquecido, lo mismo con sus hipócritas aplausos que con su perenne y definitiva maldad e ignorancia. La crítica de Osvaldo terminaba así: *Éramos pocos y parió La Avellaneda*. Esa frase ha sido el *leit-motiv* de toda mi obra poética posterior, se convirtió en mi caso en el trampolín que todo escritor necesita para impulsarse y hundirse gozoso en el pozo infinito de todos los misterios. Compararme con La Tula, no la del cuarto timbalero, sino la que escribió esa gran novela, *Sab*, y toda su poesía, ha sido mi mayor reto y distinción literarios.»

Silencio Twittal, peor que el monacal y el sepulcral. Pero el señor crítico literario es duro de pelar, y arremete con suma elegancia. Puedo imaginarlo agazapado en su estiramiento del otro lado de la «tela» que no es «cielo tisú», es inmaterialidad virtual; entretanto mastica con parsimonia sus galletitas de yema y canela, untadas con un rebozo de espesa mantequilla, además de su humeante té.

«Pero su estilo es violento, sexual...». «Sensual», corrijo. «Decía que su estilo es "sensual" (no lo decía él, lo dije yo). Pareciera que la soberbia la domina (no lo parece, es que la soberbia me domina). Las palabras se postran ante usted vívidas, sobrenaturales (se equivoca otra vez, soy yo la sacerdotisa de las palabras, yo soy la que se postra implorante ante ellas vívida y sobrenatural, considerando como considero que la escritura es un absoluto sacerdocio»... Ahora cree que finaliza, entonces me pasa la refinada mano como para domarme. Me dora la píldora, pero yo me liberé hace mucho rato de ciertas y complejas adicciones.

«Empecé a escribir a la edad de once años, un diario que luego se convirtió en Día-Eros. Era una niña triste que se proponía únicamente ser alegre, y hacer feliz a los que me rodeaban. Eso era todo. Vivíamos muy mal. No voy a entrar en detalles, aunque debiera hacerlo, como mismo han hecho tantos escritores actuales latinoamericanos que publican más por lo mal que cuentan ellos que vivieron que por ser buenos escritores. En fin, a esa edad también mi tío me puso en las manos un tirapiedras, mi madre me regaló una vieja «motera» o polvera a la que ella llamaba *vánite* (nada que ver con la representación austera de la muerte); la mota era antigua, de los años treinta, y estaba fabricada de una materia muy suave cortada a ras, tan delicada que mi primera experiencia erótica es muy probable que la haya experimentado con esa mota indeleble. Mi abuela, por su parte, me ofrendó una pluma de oro para que yo escribiera lo que quisiera.

»Mi tío me rogó que fuese la más certera del barrio al apuntar con el tirapiedras, y puedo asegurar que no existe sensación más sublime e incluso divina que cuando se da infalible en el blanco. Oler hasta la náusea el desgastado perfume de la «motera» o polvera despertó en mí unas ansias inusitadas por la fabulación. Me transportaba e imaginaba en la piel de los más increíbles personajes de ficción, la mayoría inventados por mí, o por Julio Verne y Emilio Salgari, entre otros escritores de mi adolescente predilección. La pluma de oro la perdí; no, perdón, me la arrebataron. Al morir mi abuela otro familiar, aunque lejano, como suele ocurrir, la reclamó en herencia. Durante años he buscado incansable e insaciable esa pluma, u otra igual; y puedo presumir tal vez de que hace muy poco me la han devuelto, en forma de *plume coquine*, que mientras acaricia voluptuosamente escribe en mí lo que yo quiero.

»Ponga usted en su artículo que mi estilo literario se sitúa entre el tirapiedras, el antiguo perfume de la «motera» o polvera; y esa pluma que a veces mancha o engalana el papel con la tinta del tintero, y otras acaricia la carne enchumbada con la leche del deseo. No hay nada sucio y mucho menos cochambroso en ansiar con inteligencia y pasión sólo una cosa: Escribir lo que yo quiero.»

No sé si habrá entendido bien el verbo «enchumbar». Pero en general, a *grosso modo*, de eso va lo mío. ¿Paquémá?

A SAMUEL BECKETT

Cuando aquello yo estudiaba en la Alianza Francesa de París, en el Boulevard Raspail. Mi profesora se llamaba Catherine Sun. Era extremadamente delgada y alta, pelo muy lacio color castaño, ojos rasgados y claros, nariz y boca pequeñas, voz cantarina, gestos alados.

Mademoiselle Sun era además muy culta, de manera natural, sin extravagancias. Nos regalaba aparte de sus clases de francés, interminables y enriquecedoras conversaciones acerca de la literatura, la música y la pintura francesas y sobre artistas que habían elegido por una u otra razón vivir en Francia. Era su manera muy propia y refinada de introducirnos en el mundo del idioma que ella enseñaba, en sus costumbres y codificadas maneras. Se notaba que disfrutaba con sus enseñanzas, y a mí, en particular, me apasionaba que nos obligara a deleitarnos con su goce. Nunca fui más dichosa siendo obediente que con Mademoiselle Sun.

Una mañana, Mademoiselle Sun nos prestó un suplemento literario del diario *Libération* titulado *Pourquoi écrivez-vous?* («¿Por qué escribe usted?»), en el que cien escritores respondían a esa pregunta tan sencilla en apariencia. El suplemento pasó de mano en mano. Y finalmente llegó a las mías, pues al sentarnos siguiendo el orden alfabético, a mí casi siempre me tocaba la última silla del aula. Como ya era el horario de salida, Mademoiselle Sun, al notar mi interés, tuvo la amabilidad de

45

permitir que me quedara con el suplemento durante el fin de semana. Lo devoré con la lectura no sé cuántas veces.

A algunos de aquellos escritores los había leído con fruición, a varios de ellos hasta anhelaba parecerme, imbuida por esos excesos caricaturales tan propios de la juventud. Pero el «monstruo» que acaparaba todas mis aspiraciones por aquella época era el dublinés Samuel Beckett. Había muerto con *Esperando a Godot*, con *Murphy*, y resucitado con mi novela preferida: *El Innombrable*. Esperaba la próxima paga para comprarme *Molloy*, y *Maloney muere*. Su respuesta en el suplemento todavía hoy me deja chisporroteando alucinaciones:

—*Bon qu'à ça* («Sirvo sólo para eso»).

Mientras el resto de los autores ampliaba hasta el tedio sus respuestas y echaban mano de teoricismos trascendentalistas no exentos de meloso o resentido sentimentalismo, Beckett desbrozaba el camino con una frase cortante, exacta, puntual. La frase que me hacía feliz justo en el instante más triste e inseguro de mi vida de escritora.

Al devolver el suplemento a Mademoiselle Sun, me preguntó cuál respuesta me había impactado más. Sin dilación respondí que la de Beckett. Entonces, con una pícara sonrisa me puso en aviso: Beckett iba cada día con dos de sus gatos al Jardín de Luxembourg, precisamente detrás de la Alianza Francesa, al caer la tarde.

El Jardín de Luxembourg es inmenso. Tuve suerte, esa suerte extraña mía. Tras un breve recorrido tropecé con el banco donde se hallaba Samuel Beckett. Acariciaba a un gato gordo y rojizo encima de sus rodillas, el otro felino, no menos obeso, merodeaba entre sus piernas. Beckett iba vestido de un gris azuloso.

Sin saber cómo abordarlo, pero con ese atrevimiento que da la inmadurez, acomodada en uno de los bancos perpendiculares al suyo, desde ahí observé su rostro enjuto, las numerosas diminutas y finas arrugas que hacían de él uno de los hombres más hermosos que he visto jamás. El pelo canoso e hirsuto, mirada marítima. Por fin, empapada en sudores fríos, me aproximé a él, actuaba con una decisión que no era la mía. En mi precario francés de entonces le espeté:

—*Bonsoir, Monsieur Beckett, je suis une de vos admiratrices. Je vous ai lu, et je vous aime...* («Buenas tardes, Señor Beckett, soy una de sus admiradoras. Lo he leído y le amo...»)

—*Bon...*—silencio acompañado de una tierna y pudorosa sonrisa— *Merci. Et avec ce bel accent vous venez d'où?* («Bueno. Gracias. ¿Y con ese bello acento de dónde viene usted?»).

—*D'une île* —temí decir de Cuba. («De una isla»).

—*Quelle île?* —sus límpidos ojos grises indagaron en los míos. («¿Qué isla?»).

—*De La Caraïbe* —solté todavía más evasiva. («Del Caribe»).

—¿Cuba? —mejor dicho, pronunció ¿*Kiuba*?

Asentí nerviosa ante su poder de adivinación.

—*Vous êtes alors une belle jeune fille Cubaine* —acentuó muy serio ahora. («Entonces es usted una bella muchacha cubana»).

Por nada me desmayo no sin antes derretirme. Estaba ahí, hablando con mi monstruo sagrado, ¡y me lanzaba un piropo! ¡El muy irlandés! Ese acto casi que me dio fuerzas para declararle que escribía, que yo también quería ser escritora. Pero, entonces él volvió a sonreír, hizo ademán de levantarse, cargó al gato rojizo entre sus brazos, al que desde hacía un rato nos observaba repantigado en su muslo. Se levantó del banco, el segundo gato lo siguió; y desapareció entre los árboles no sin antes despedirse muy amable:

—*Ça fait plus d'une heure que on est là. Je doit monter... à écrire. Au revoir, jeune fille venue d'une île... Kiuba, Kiuba...* —musitó. («Hace más de una hora que estamos aquí. Debo subir... a escribir. Adiós, muchacha venida de una isla... Cuba, Cuba...»).

47

Lo vi perderse en la hojarasca otoñal. No sabía si saltar de alegría o correr a contárselo a alguien. Pero ¿a quién?

De ese encuentro —advertí mucho tiempo después—, nació el inicio de *La nada cotidiana*: *Ella viene de una isla...* De ese hallazgo surgió también una larga amistad con Jean-François Fogel, el periodista que había ideado y organizado aquel suplemento, y a quien encontré en Cuba en los '90 cuando él empezaba a escribir su libro *Fin de siglo en La Habana*, junto a Bertrand Rosenthal.

Fogel no podía creer que yo conservara todavía el suplemento de Libération que Mademoiselle Sun tuvo la gentileza de obsequiarme después que le conté —sin lujo de detalles, por vergüenza—, mi furtivo encuentro con Samuel Beckett.

En aquel encuentro también anida el origen de mi pasión por las frases certeras, cortantes, cabales. Esas que sirven para situarlo a uno entre la magia y el deseo. Frases que esgrimen una especie de pactos para que de nuevo sientas deseos de aprender a vivir de manera muy distante a lo que lo has hecho.

Frases como: «Ese mínimo detalle, bórralo para siempre». O, «Esa pregunta... ya no es vigente». «Dejemos que fluya nuestra conexión»... Sin más.

Gracias a Samuel Beckett por enseñarme a valorarlas en toda su rara y magistral dimensión.

«YA ES HORA
DE EMPEZAR A MORIR...»

Ya es hora de empezar a morir / La noche es buena... Nunca unos versos me dieron tanto desconsuelo al repetirlos en mi mente en letanía mientras contemplaba la reproducción de una de esas imágenes en las que se representa a José Martí, la mano en el baleado pecho, herido mortalmente a horcajadas en el caballo blanco... Allá en Dos Ríos.

Fue durante mi primera visita a Dublín, donde encontré a una parte de mis antepasados; hasta descubrí a un primo lejano un poco mayor que yo. Son parientes de mi abuela materna, oriunda de Irlanda.

Los McButler no conservaban ninguna foto de esa rama de la familia de carniceros irlandeses que viajaron a Cuba y cuyo cabeza de clan, mi bisabuelo, Roger McButler, se alistó en el Ejército Libertador Mambí. Todo lo que poseían y guardan de Cuba es esa imagen de José Martí, encuadrada en una especie de añeja postal, que entonces me tendieron con agrado, como para probar su lealtad a los que se marcharon a un incierto exilio caribeño.

—¿Cómo consiguieron ustedes esta postal? ¿Conocen a José Martí? —pregunté, no sin visible ingenuidad.

El primo la había traído de un breve viaje a Cuba. Se la había vendido por un dólar un anciano bajo un portal. La adquirió sin saber quién era el protagonista de la imagen, sólo la compró para ayudar al hombre. Pero con esa proverbial costumbre de los habaneros el viejo tuvo a bien de explicar a grandes rasgos quién era José Martí y le habló, aunque someramente, de su muerte en Dos Ríos. El primo no olvidó aquello y conservó la postal, desconociendo cuánto nos uniría.

En aquella época yo llevaba siempre conmigo —hará unos diez años de esta anécdota— un pequeño volumen de poesías de Martí. Lo saqué del bolso, busqué el poema «Yugo y estrella», y les leí unos versos. Esos que dicen:

Ya es hora de empezar a morir. / La noche es buena / para decir adiós. La luz estorba / Y la palabra humana. El universo / habla mejor que el hombre. / Cual bandera / que invita a batallar, la llama roja / de la vela flamea. Las ventanas / abro, ya estrecho en mi. Muda, rompiendo / las hojas del clavel, como una nube / que enturbia el cielo, Cuba, viuda, pasa...

LA CAMARERA DE
«EL FLORIDITA»

La camarera de «El Floridita» estaba muy lejos de parecerse a *La camarera del Titanic*, en aquel inolvidable filme de mi extrañado Bigas Luna. De hecho, la camarera de «El Floridita» existió primero que la de Bigas en la *empercudía* Habana de los ochenta.

Fue gracias a la gentil invitación de Alain Rodier, un amigo francés que vivía en la isla por aquella época, que un grupo de amigos pudimos reunirnos alrededor de una mesa oblicua del otrora célebre restaurante, ya en aquel momento muy revenido a menos que menos, al igual que el resto del país.

Acodados a la suntuosa mesa oval de los años 50, varios jóvenes cubanos chapurreábamos el inglés y el francés, y una bella muchacha polaca iba y venía sin gran dificultad del polaco al francés y del francés y al inglés; era la novia de entonces de Alain.

Alain, por su parte, prefería conversar con nosotros en su idioma, con un cálido deje del Midi. Usaba su misteriosa pedagogía tan cercana de la literatura, afanoso en mejorarnos las declinaciones verbales y los mediocres acentos.

Llevábamos un buen rato a la mesa, por no decir más de una hora —recuerden, era la época en que cuando se conseguía un puesto en un aceptable restaurante de la ciudad, una vez acomodados todo funcionaba como «en ralentí»; los camareros se aproximaban en cámara lenta, si es que lo hacían y que no lo ignoraban a uno olímpicamente—. Pues en aquella ocasión, no muy diferente de las demás, avanzó por fin hacia nosotros aquella camarera como en una paulatina escena de *Stalker*, la película de Tarkovski, toda vestida de blanco de la cabeza a los pies.

—Es que me hice santo —anunció sin que nadie se lo cuestionara.

Nos miramos silenciosos. Ella se sacó el mocho de lápiz de detrás de la oreja, ensalivó la punta con la lengua, y después de recitarnos la lista de lo que no había, por fin mencionó alegremente las tres o cuatro opciones a las que según ella «teníamos derecho», aunque subrayó que había que apurarse porque del «jurel en lata» no quedaba «casi ná».

Después de haber estado dos años en un albergue de la calle Montserrate, junto al edificio Bacardí, tras derrumbarse el solar donde yo vivía, donde nos servían jurel a toda hora, de sólo mencionármelo, el estómago se me subía al lugar del corazón y me venía la arcada. Preferí pedir una «sopa Saint-Germain», que así llamaban al potaje de chícharos en aquel lugar que queda a pocos pasos, aledaño a «El Castillo Farnés», en la calle Egido. De chícharos estaba yo también hasta el cerquillo, pero al menos me pasaban mejor por la garganta que el jurel ahumado.

—Ah, y se salvaron, les toca un cuadrito de mantequilla *percáspita* —nos comunicó jubilosa la «compañera camarera» del INIT con una «s» santiaguera donde no cabía.

Satisfecha se fue alejando en cámara pausada, semejante a uno de esos ángeles del techo de La Capilla Sixtina en El Vaticano cuando uno intenta enfocarlos desde el suelo y el tumulto y el abejeo ambiental no lo permite.

Continuamos *baragouineando* en francés, en inglés, y hasta en polaco. Ella, desde lejos, empezó a calcularnos entre desconfiada y medio acomplejada.

Por fin regresó, en acompasada levitación, como si danzara una pieza de Debussy, cargaba aquella bandeja de aluminio en la que destacaba el gran tesoro de la noche: ¡Mantequilla! ¡Y en cuadritos! ¡Qué *chic*, nos dijimos!

Antes de servirnos nos estudió de arriba a abajo, y con un gracioso mohín cauteloso aclaró:

—Toca a cuadrito *percáspita* —reiteró—, y está congelada. Separar los cuadritos va a ser muy difícil, vaya, como que imposible. Pero para mí no hay nada imposible —ahora soltará uno de esos lemitas revolucionarios, pensamos mirándonos al unísono, pero no...

En efecto, con la ayuda del tenedor fue separando cada cuadrito congelado, los pinchaba no sin arduo esfuerzo, y desde la misma distancia y casi con idéntica destreza con la que Eneas en *La Eneida* de Virgilio arrojaba sus lanzas, ella proyectaba, sacudiendo varias veces el tenedor en el aire, los cuadritos de mantequilla dirigidos hacia cada uno de nuestros platos.

Esquivábamos temerosos de que fuera a hacer diana en uno de nuestros ojos, mientras continuamos *snobeando* en distintos idiomas.

Entonces ocurrió que ya la camarera de «El Floridita» no pudo contener más su inquietante curiosidad, dejó de tirotear la mantequilla con la improvisada ballesta dentada, y colocando un brazo en jarra, muy seria, preguntó:

—Fuera del juego, ¿ustedes son trogloditas? —emitió con una especie de enigmático graznido.

Silencio absoluto. ¿Trogloditas? Volvimos a mirarnos de hito en hito.

Sobrevino lo que siempre sobreviene con mi cabeza, es decir, con mi mente: se disparó a funcionar a toda máquina esa espeluznante manía mía de buscar asociaciones, y lo que es peor, de encontrarlas, que a veces resulta fatal pero en otras aclara una enormidad:

—¿Políglotas? ¿Habrá querido usted decir políglotas? —inquirí tímida, como tirando piedras al estanque donde se ahogó Virginia Woolf, mi loba literaria.

Su rostro se desalteró de una manera insospechada, inclusive me pareció que de súbito hasta se había embellecido; así, como recién llegada de otro país:

—¡Esomijmo, mijita, tú me entendiste! —y volvió un poco más aligerada a *pitchear* los cuadritos de mantequilla, que fueron, quién lo duda, el gran manjar de aquella sofocante noche.

DUERMIENDO CON GATOS EN LA LIBRERÍA «SHAKESPEARE AND COMPANY»

George Withman falleció hace algún tiempo ya, a los 98 años, trabajó prácticamente hasta el último suspiro. No sólo fue un notorio poeta de la generación *beatnik* además fue un librero reconocidísimo debido a su inmenso amor por los libros, al respeto que profesaba a los autores, y a la vehemencia ciega hacia los lectores. Me dio consejos extraordinarios de lectura, gracias a él conocí personalmente a Lawrence Durrell durante una de sus conferencias en la librería; además a Alba de Céspedes, en su casa del 4 quai de Bourbon en la Île Saint-Louis. Le debo el haberme hospedado tres días en el piso encima de la librería, allá por los años ochenta, durante una de mis angustiosas y furibundas escapadas.

Mi primer trabajo periodístico lo dediqué a «Shakespeare & Company», la mítica librería parisina, donde Sylvia Beach, su dueña original y editora, publicó la edición original del *Ulysses* de James Joyce, y también recibió a un desorientado Ernest Hemingway, más hambreado y pobre que un forro de catre.

Igual de tan desorientada, hambrienta y rabiosa, recalé yo una tarde helada en esa librería. Llevaba la cabeza *rasée* (rasurada) de un lado y el pelo largo del otro teñido con azul de metileno. Pintaba mis labios y las uñas de negro, vestía unos abrigos inmensos y agujereados comprados por unos pocos francos en el Mercado de las Pulgas de la Porte de Clignancourt o en los Guerrisolds donde los árabes vendían ropa de muertos. Calzaba zapatos plateados de *chez Tati* combinados con medias rojas. Sylvia Beach ya no estaba, tampoco Anaïs Nin.

Me dio la bienvenida el gran George Withman, afable, con su melena revuelta de poeta; entonces me confundió con una inglesa.

—No soy inglesa, soy cubana, aunque tengo de irlandesa —musité.

Su risa franca se abrió plena, confesó su interés por la poesía de Nicolás Guillén, y pronunció Camagüey sin la diéresis, «*Camaguey, Camaguey*», como si paladeara un delicioso y antiguo manjar. Nunca había estado en Cuba. Prefería soñarla, subrayó sin más; por supuesto, entendí.

No tenía un céntimo, él lo intuyó, era una de sus especialidades: «Los colecciono, a gente como a ti…», dijo; entonces me permitió que leyera los libros, sin comprarlos, allí, recostada en los viejos camastros que él había colocado en los recovecos del laberíntico y estrecho recinto, destinados a jóvenes como yo, e incluso más jóvenes. Entonces contaba 23 años.

Esa tarde hizo él mismo el té en su destartalada pero limpia cocinita. Me brindó uno de los lechos, no tan desvencijado, situado en el piso de arriba, donde dormían o remoloneaban gordiflones y perezosos gatos. Me puso una novela de Alba de Céspedes en el regazo. Una foto de la escritora, con un conejo entre los brazos, colgaba de uno de los tabiques contra los que se sostenían antiguos y polvorientos libreros.

George Withman fue un gran librero, un inmenso poeta, un inolvidable amigo, Desde esa librería envié libros regalados a varios escritores. Algunos, conociendo la importancia del lugar me lo han agradecido, otros todavía no se han ni siquiera enterado, mucho menos manifestado, jamás han hecho referencia al obsequio. No importa, sólo espero que los hayan sabido conservar.

De las particularidades que recuerdo de la librería está que, en aquella época, cada libro llevaba impreso el cuño con el logotipo, que consistía en un juego de imágenes: la carita de William Shakespeare silueteado en tinta negra simulaba un gato negro enroscado en un tejado.

Creo que fue allí donde me gradué de lectora empedernida, donde pasé la gran prueba de vencer con la lectura al sueño. Leía cinco libros por día, apenas comía, bebía té y devoraba unas zocatas *madeleines* proustianas, eso era todo mi sostén. No se ponía calefacción para ahorrar. Pero fui feliz porque fui libre.

Fue allí donde un día me confesé a mí misma: «Sea lo que sea, ocurra lo que ocurra, tenga que hacer lo que tenga que hacer, voy a escribir hasta que me muera.» Y estaba convencida de que moriría joven.

Fragmento de mi Diario de aquellos días:

Sylvia Beach no está más, ella, la de la última generación, la que publicó el *Ulysses* de James Joyce —cuando todo el mundo se lo rechazaba—, publicó también a Henry Miller, a John Dos Passos, a Ernest Hemingway. «Ella no está», me dice George Whitman, el dueño de la librería, «El país encantado de los libros», como la llamó Miller, «pero está su fantasma», añado… Le digo que soy cubana, exclama «*Camaguey, Camaguey*» sin diéresis, y me pregunta por Nicolás Guillén. Yo le pregunto por Anaïs Nin, y me habla de ella con los ojos deseosos. La librería, repleta de libros y de camas, donde se acuestan muchachas como yo, a leer de todo, a fumar de todo… Encima de mi cabeza tengo a Alba de Céspedes con un conejo… Fumo cabos tras cabos, el conejo, salta de la foto a mi regazo… Tres días más tarde, George me dice que puedo quedarme a dormir arriba, subo la estrecha escalerita de madera. El espacio para las conferencias, tres ventanales dan a la Sena, ría y no río, más hembra que yo… George hace un té en la cocinita. Un frío que pela y repela. Me acuesto en la cama donde anidan pulgas y ladillas, me quedo dormida… Me pica todo el cuerpo. George se ríe, «la literatura necesita de piojos, ladillas, y pulgas», apunta. Ahora leo a Walt Whitman y a William Carlos William, a Djuna Barnes y su *Almanaque de las Mujeres*… Me estoy muriendo, George… «La literatura necesita de la muerte», responde con un guiño pícaro, y me da la llave… Asisto a una conferencia de Laurence Dürrell, ya leído *El cuarteto de Alejandría*.

Dürrell es un hombre bajito, tirando a lo grueso, y mientras habla me digo que jamás volveré a escuchar a un sabio como él, que esto es un regalo de los dioses, que qué hago yo aquí, cundida de bichos y oyendo la conferencia magistral de este hombrecito… Salgo a la calle, donde el mundo no se ha enterado de que bajo aquel techo, un gran sabio ha hablado para el universo.

De mi Día-Eros.

LA OBSESIÓN MODIANO

El más discreto de los autores franceses acaba de ser galardonado con el mayor premio de las letras: el Nobel. Se trata de Patrick Modiano, un escritor que leo desde los años ochenta. Lo que siempre me ha seducido de la escritura de Modiano es su obsesión, y es lo que para algunos lo convierte en el escritor de un sempiterno mismo libro, pero a estas alturas debiéramos conocer que a eso en Francia se le llama estilo y constituye más bien una marca de calidad.

Patrick Modiano ha tocado como nadie la tecla de la Ocupación nazi en Francia a pesar de que nació tras la liberación, en 1945. Es el escritor de la memoria y del olvido, se dice continuamente. A mi juicio es la memoria la que mueve y confirma su inspiración; una memoria real o inventada, una memoria imaginada. Su prosa elegante y frecuentemente sombría ha creado un estilo irrepetible, su propio estilo. El estilo Modiano. Medio tartamudo, como él mismo.

Cuando escuchamos alguna entrevista del novelista advertimos enseguida su balbuceo rayano en gagueo. Sus libros precisos, breves, son como descansos silenciosos entre una conversación y otra. Conversaciones interrumpidas por miradas entrecruzadas o parpadeos renuentes.

Episodios sin seguimientos, rostros perdidos en la multitud de vacíos, encuentros furtivos, así lo ha visto un protagonista de su libro *El Horizonte*. Casi nunca un escritor usa a un personaje para autodefinir su escritura. Tal vez Modiano lo hizo de manera inconsciente, lo más probable; sin embargo, ha sido más certero que cualquier crítico.

Desde su primer libro Patrick Modiano escribe de manera sombría sobre el pasado. La oscuridad provoca y alienta, uno debe detenerse en la lectura para retomar aire y volver a respirar normalmente. Las huellas del pasado perfilan su prosa, el recuerdo y la memoria coinciden en la cuerda floja de la desesperanza y, en contra de la amnesia.

Alguien desaparece, para aparecer más tarde como una mancha indeleble, allá, en una tienda oscura; alguien delata o es delatado durante la guerra, alguien escapa, alguien se queda y otro se marcha para siempre, acompañados o seguidos de frases simples, de palabras entrecortadas, eco de la timidez del autor. Callejuelas reconocidas, y sin embargo distantes, como si escaparan de nuestro presente para sólo reubicarse en el pasado silueteando las ausencias.

Patrick Modiano es una de las más bellas voces de la literatura francesa, y universal, una de las más auténticas porque su voz emana a través de su cuerpo, de sus heridas, de sus vivencias, y de personajes anónimos que él ha hecho renacer. Nadie mejor que él, testimonio sagrado: ModiaNobel.

NARBONNE

El Salón del Libro de Narbonne recibió a los autores en uno de los mejores hoteles de la ciudad. Un banquete nos dio la bienvenida: ostras, champán, *foie gràs*. Conversamos entre nosotros, eufóricos, bajo un mistral que dobla los árboles.

A la mañana siguiente, muy temprano, nos dirigimos al Salón, situado cerca de la Plaza de Les Halles, el supermercado. Cada uno de nosotros ocupa su puesto, y nos dedicamos a firmar libros. Muy pronto todos mis libros se agotaron. Las libreras y yo estamos muy contentas. He ganado otra batalla; esta es mi venganza, me digo.

Al mediodía, presento el libro *La cazadora de astros*, traducido al francés, frente a una sala repleta de un público curioso. Muchas preguntas en lo que muy pronto se convertirá en una conversación sumamente amena.

Al anochecer nos dirigimos en grupo al teatro más importante de la ciudad para apreciar una representación de una obra escrita, dirigida y actuada por Daniel Picouly. Al final otro banquete: ostras, mejillones, *fois gràs*, jamón pata negra, pollo, vino, champán.

Regreso temprano al hotel. Tomo un baño. En pijama reviso mis e-mails. Al día siguiente viajo por tren de Narbonne a París, voy releyendo a Guillermo Cabrera Infante.

No hice fotos, lo siento, tuve poco tiempo.

Detengo mi vista sobre el raudo paisaje a través de la ventanilla del tren: cuando llegué a Francia uno de mis primeros trabajos al negro fue recoger fresas en un campo de Narbonne.

BALTHUS

A G.W.

Otra noche insomne. He pasado el día trabajando. Escribo y mientras más escribo más deseo escribir, lo que no me deja dormir. Ahora mismo tengo una excitación que p'a qué. Podría salir corriendo para una fiesta, de ahí a bañarme en la Sena, que se me ocurre «ría» y no río, muy hembra, sin importarme el perro frío que se está sonando.

Hasta podría subir a un tren de medianoche y aparecerme en Venecia en la casa de una amiga que también posó para Balthus. Yo posé desnuda para Balthus, en París, a escondidas. Era muy joven, y no sabía que se trataba de Balthus. Había llegado a su *atelier* a través de una tercera persona. Posé, me pagó y salí de lo más contenta a atiborrarme de dulces en la dulcería que queda cerca del Museo Rodin.

Pocos días después, Balthus en persona, aunque amparado por un seudónimo, volvió a citarme, pero yo estaba con pasión de ánimo y no quería ir a encuerarme delante del viejo aquel. Entonces embullé a una amiga a que me hiciera la media, y ella no sólo me tejió las dos medias —al principio también con desgano—, sino que cuando llegó allí abrió los ojos como platos, me apartó y me puso al corriente secreteándome al oído de que aquel anciano jorobado y medio travieso era Balthus. Y ya no fue igual. Porque ya yo no quería cobrarle, aunque me estaba muriendo de hambre. ¿Pero cómo iba yo a cobrarle a un genio?

Posé para sus bocetos durante un tiempo, y él garabateaba en unos enormes pliegos amarillentos, de manera que nunca he sabido a ciencia cierta en qué cuadro de Balthus puse mis carnes, mejor dicho, mis huesos. En aquella época yo era hueso n'a má. En la «UNASCO» pagaban una basureta, y comía fuerte y caliente una sola vez por día.

Ahora mismo también podría encaramarme a un avión y visitar a mi amigo maestro de cítara, que vive a los pies del templo Kayurao, en la India. Escribió un libro de éxito y se sintió tan mal con el agobiante triunfo que se retiró a estudiar cítara y a rescabuchear las figuras eróticas del templo de Visvanath. Han pasado quince años y ya hoy es un maestro en el arte de la cítara y del rescabucheo.

Nada, que mejor me bebo una tila con cañasanta, y si no concilio el sueño, me pondré de nuevo a escribir, hasta que amanezca. Y así, hasta que termine la dichosa novela que me viene carcomiendo parte de la Silla Turca desde hace ya casi treinta años.

«UNCLE CHARLIE'S»

Nunca me arrebaté más que en aquella brevísima época new-yorkina, yo que siempre he sido una «tranquila aburrida», como que me desaguacaté desenfrenada. Ayudaba la compañía y la fumatera. Tenía dos excelentes cómplices, todo hay que decirlo: mi hermano y el cocinero francés del «Priscilla Delicatessen». Salíamos todas las noches, explorábamos el Village y también algunas azoteas de ese Soho de antaño. Azoteas con muchísimo más misterio que las de La Habana, por cierto.

Una noche mi hermano me anunció que iría al «Uncle Charlie's», al que enseguida le cambié el nombre por «Uncle Charlie», club exclusivo para *gays*. No sé si existe todavía.

—Ah, no podré ir contigo —lamenté entristecida.

—Cómo que no. Tú te ves muy maricona, más que yo —respondió resuelto; y tenía razón.

Me vistió con uno de sus trajes, corbata incluida con motivos de un cuadro de Picasso, zapatos varoniles, y su impermeable que me quedaba zangandongo, debí darle varias vueltas a las mangas. Probamos a recogerme el pelo. Pero me veía más como una pájara indecisa con el pelo disimulado, y yo lo que necesitaba era verme como una pájara confirmada.

—La cosa es que parezcas un mariconcito, con lo que no tendrás que esforzarte demasiado. Pero de ahí a aparentar una parguita arrepentida, ahí sí que no —soltó Brad, un amigo de la época.

Entonces me fui así, tal como en la foto que me tomó mi hermano, con las greñas sueltecitas.

«Uncle Charlie's» estaba repleto, era su época de mayor furor. En la entrada pasé sin problemas por un *gay* debilucho, bohemio y medio *intello*.

No podía ni imaginar lo que me esperaba en el interior. Nunca vi a tanto *gay* musculoso como allí. Yo desentonaba, así, como *gay* esmirriado y vestido de traje, cuello chaleco y corbata. Adosada a una mesa en una esquina en penumbras observaba tímida.

Sin embargo, de buenas a primeras —esas cosas de la Milagrosa que siempre me acompaña—, inesperadamente empecé a recibir desde distintas mesas miradas melosas y guiños sonsacadores.

Descubrí entonces que podía tener mucho éxito como pájaro, incluso mucho más que como mujer. Nunca en mi vida he ligado más en una noche. Como pájaro, reitero, y no como mujer.

Por supuesto, evité que toda «atracción» se aproximara demasiado y se convirtiera en «fatal»; y me negué al contacto directo invocando, no las reglas (las menstruales que las tenía), sino una gripe mal cuidada. También por primera vez las reglas no me salvaban de dar un paso en falso. Evité los enredos más que nada porque me divertía seguir allí, y también por el aquello de sentirme yo la más pájara, y la pájara más codiciada de todas. Además de conseguir ser «lo más deseado», lo que nunca en mi vida de hetera me había ocurrido.

Si observan la foto tomada por mi hermano con una lupa verán el cartel lumínico de «Uncle Charlie's» o «Charlie», a mis espaldas. Definitivamente aquella noche sacié sin remilgos a la gran maricona que vivía en mí.

LA CHAVETA

Andaba por esa Habana hecha leña, con el bolso repleto de libros viejos, la boca *repintá* de púrpura, unas botas que me asaban los pies, el blúmer (bragas) recomío y lleno de huecos, todo el tiempo se me quemaban los frijoles y tenía que halarme constantemente la pata del blúmer que me quedaba chiquito porque había sido un regalo de una amiga francesa *desculá*.

Pero yo andaba con esa chaveta, y la sacaba en cualquier sitio y la lanzaba contra cualquier cosa, y la gente hacía como un vacío a mi alrededor, porque la chaveta era mucha chaveta, y yo tenía cara de medio *trastorná*. Al menos eso me decía mi vecina:

—A ti lo que te ampara es la cara de *quemá* que tienes, nadie se atreve contigo por eso —insistía, y yo me lo creía.

Una tarde, al salir de la casa de Dulce María Loynaz se me encarnaron dos sujetos:

—Oye, no te me hagas la extranjera... —soltó uno.

Yo no me estaba haciendo la extranjera. Yo hacía mucho rato que ya era extranjera. Siempre lo he sido, en todas partes, sobre todo en mi propio país. Por ser extranjera soy hasta extranjera de mí misma.

El otro sujeto dio un rodeo, se aproximó dando brinquitos de boxeador, de buenas a primeras me tocó una nalga, y acto seguido me tocó la cara. «Se saló», musité.

Cuando eres de La Habana Vieja, cuando has nacido en un solar de la calle Muralla, rodeada de pandilleros, aprendes que cualquiera te puede tocar una nalga, pero nunca, nunca, óyelo bien, *never*, nadie, *personne*, te puede tocar la cara. Una nalga sí, pero la cara no. Al que le tocan la cara es «jebita». Y yo soy muy jebita, pero jebita de quien a mí me da la gana.

Ahí mismo se me subió la irlandesa que llevo dentro. Puse con toda paciencia china (mi otra mitad) el bolso en el piso, mientras los dos sujetos persistían con sus pujos y chistecitos en contra mía: la «blanquita», la «sucita», la «esto-y-lotro». De un gesto saqué la chaveta.

Al punto uno de los sujetos se zafó y haló por el cinturón, como para arrearme unos buenos cintarazos. Pero el otro enseguida recapacitó, lo paró en seco; extrajo de su bolsillo un carné o algo parecido, que yo ni vi ni me interesó ver.

Se identificó como un agente —eso dijo—, un oficial de Aquella Pinguereta, y empezó a amenazarme conque si yo portaba un arma blanca y conque si podía llevarme presa por peligrosidad, y no sé qué más... Todavía con la chaveta apretada en la mano me eché el bolso al hombro y seguí de largo, y allí los dejé soltando su ponzoñoso aguaje (alarde).

Por el trayecto se me humedecieron los ojos de ira, pero no me corrieron más que unas gotas arenosas, cochambrosas, que me empegostaron la cara con una mocosidad grisácea.

Al jueves siguiente volví a la visita habitual a la casa de Dulce María Loynaz, posterior Premio Cervantes. Le comenté, divertida incluso, aquel extraño percance. Dulce María sonrió con una serenidad envidiable.

—No es nada extraño. Esos deben de ser los que me envenenan a los perros, los que me roban en el patio... Los han puesto de guardia allá afuera, desde hace bastante tiempo. A cada rato los reemplazan, pero siempre los ubican de dos en dos. Se dedican además a asustar a mis visitantes.

No sé si fue gracias a la chaveta o a mi cara de «demente y de chocolete», de *tostá* —según mi vecina—, pero en aquella ocasión pude salir indemne.

Nota a los que les ha intrigado mi pelado, corte de pelo de entonces en las fotos de Kiki Álvarez. El pelado me lo hacía el que pelaba perros en Cayo Hueso. Me cobraba la mitad porque yo no era perro, sino perra. Creo que en la actualidad anda por Hialeah pelando perros, en cualquier momento iré a verlo para que me tire un corte.

DORA MAAR

Toda una novela salió de aquellos breves encuentros con la artista surrealista Dora Maar, ex amante de Pablo Picasso. La titulé *La mujer que llora*, citando la serie que el mismo Picasso había pintado de la que fuera su musa, su mujer «más inteligente», en sus propias palabras.

Dora Maar había tenido otros amores, entre los que se encontraban Tanguy y Bataille. En la novela erótica *Le bleu du ciel* de Georges Bataille, el personaje de Xenia está inspirado en una jovencísima y maliciosa Dora.

Pero Dora Maar y yo nos encontramos cuando ya ella era una anciana, en 1992, y luego reanudaríamos en 1995, hasta que murió en 1997.

Nos conocimos durante una sesión de fotos que me hacían en las afueras de la editorial Actes-Sud, a pocos pasos de su casa, en el 6 rue de Savoie.

Dora se detuvo para curiosear cómo el fotógrafo me retrataba, encogió los hombros con un infantil aire de disgusto y se dispuso a seguir de largo. La editora tuvo a bien saludarla, y enseguida presentármela. Así empezó aquella extraña relación que culminó con su muerte, aunque yo prefiero decir que nunca ha terminado, por eso escribí esa novela, de su vida y de nuestro encuentro, para continuarla en la eternidad de la escritura.

Curiosamente hoy me puse a revisar las imágenes de aquella sesión fotográfica y encontré un parecido muy revelador entre mi retrato y el que le hiciera Man Ray a Dora. Las manos son el centro de ambas estampas.

Las manos, era lo que más ella se observaba al final de su vida. Yo también soy una mujer que se contempla las manos. Ahora tibias, y nacaradas, mientras las froto con aceite marroquí de argan.

La belleza de Dora Maar y su rara inteligencia han sido y seguirán siendo para mí fuente infinita de inspiración.

SUEÑO ERÓTICO MARTIANO

Anoche se me apareció Martí de nuevo. Cada noche de mi vida hay una parte del sueño en la que reaparece invariablemente Martí disfrazado de cualquier cosa. Ustedes saben que en los sueños no manda nadie. Ellos se dirigen solos.

Una noche Martí se me apareció vestido de heladero. Yo era una niña y lo que más ansiaba era tomarme un helado de coco, pero la «revolución comunista» con la que dicen que había soñado Martí, el pobre, al que le han endilgado ya varios horrores, había prohibido los helados de coco por diversionistas ideológicos al parecer. Esa noche soñé que Martí me traía un helado de coco y en su ancha frente sudorosa llevaba encasquetado un gorro blanco de heladero. En otra ocasión soñé que Martí era un vendedor clandestino de pollo frito, y llegaba vestido de fucsia con una caja de muslos de pollo crocante. Y así los manjares más soñados de mi vida me los ha traído Martí, y me los ha entregado en mano propia. Y yo los he devorado en sueños.

Ayer, como de costumbre, soñé que Martí andaba por ahí, revoloteando en mi habitación, montado en su caballo blanco. Se bajaba del caballo más vivo que nunca y se desnudaba así como se desnuda Richard Gere en *American Gigoló* y me daba una templada de altura. Yo levitaba con la singada que me daba Martí. Es que siempre me gustó Martí, incluso escribí una conferencia de veinte páginas para hablar de la poesía amorosa de Martí en la que yo me pintaba como una mujer de Martí. Y anoche por fin lo fui.

No, Martí anoche no murió en el caballo blanco, por el disparo de un arcabuz ni por el chivatazo de un cubano. No, Martí se bajó del caballo y me dio tremenda mamada y yo se la di a él. Y me abrazó y me dijo una pila de cosas lindas, y luego se marchó, montado de nuevo en el caballo blanco, que así en la penumbra parecía una mancha de esperma martiana; y me prometió que escribiría un poema. Un poema para mí: su amada

SUEÑO CON MARTÍ (2)

Tengo la inmensa suerte de soñar frecuentemente con Martí. Escribo poco o nada de esas aventuras oníricas con el Apóstol, por pura pereza. Anoche volví a soñar con él, con el alma más limpia de Cuba.

Martí estaba de espaldas, delante de mí. Pelo largo y manos cruzadas detrás. Nos encontrábamos en Miami. Es la segunda vez que Martí se me aparece en un sueño en el que él y yo estamos en Miami.

Martí ya no se aparece en los sueños de nadie en Cuba, se cansó de que allá lo cojan p'al trajín. La primera vez que Martí se me apareció en un sueño, y estábamos él y yo en Miami, yo acababa de salir de «Azúcar», aquella célebre discoteca de travestis que llevaba mi amiga Maritrini, y andaba arrebatá por encontrar un matorral para hacer pipi porque era muy tarde y ya los baños lucían sobre lo puercos y prefería bajarme el blúmer en un recodo del camino antes que contraer otra monilia, como en Cuba, que cuando no era monilia era esta o la otra parásita; pero entonces se me aparece Martí, y empieza a recitarme un poema suyo de los largos. Yo loca por hallar el matorral y Martí no se callaba. Pero, como saben, yo todo se lo perdono a Martí y seguí oyéndolo con tremenda paciencia, sonriente y aguantando con las piernas cruzadas. No me oriné en el blúmer de milagro, porque ya cuando estaba a punto me desperté.

Pero anoche fue distinto.

Martí estaba así, pensativo, delante de mí, con su pelo crecido, y sin afeitar, bastante bronceado por el sol mayamero. Vestía jeans y una camisa blanca (y eso que a él no le gustan las camisas blancas de algodón, prefiere ir de negro). Gafas de sol encima de la cabeza. A través del ventanal de pulido cristal de la terraza se veía el atardecer, rojizo, esplendoroso. Hacía un calor de mil yihadistas.

Martí entonces empezó como a correr o a saltar en el lugar mientras oía una de sus bandas predilectas. Al rato salió a la terraza y me llamó para que me sentara junto a él. Me dijo que le dolía la espalda, que le pasara la mano, que le diera un masaje. Y lo hice con la mayor entrega de mi dócil corazón. Yo, en los sueños, obedezco a Martí en todo. Y quiero que sepan que Martí es sumamente controlador conmigo, mandón y posesivo; lo que me encanta. Le pasé la mano por la espalda, por sus lunares, que son infinitos. Martí encendió un cigarrillo y ambos empezamos a recitar su hermoso poema «Haschisch». Ese que termina:

«¡Oh beso de mujer llama a mi puerta! ¡Haschisch de mi dolor, ven a mi boca!»

Y en lo que recitábamos el poema, que también es deliciosamente interminable, fue cayendo el crepúsculo. Al final Martí me dijo con esa voz tan particular suya que le hubiera gustado tener tres hijos conmigo, y yo le respondí que habría sido un inmenso honor que me preñara, no de tres, de diez hijos. Entonces Martí me dio un beso, muy casto (no como en el sueño anterior, el del 2014, que aquello fue el acabóse, y por el que faltó poco para que me crucificaran por escribirlo y publicarlo en mi blog), sino en la frente. Fue un beso de niño dulce. Un beso de Ismaelillo.

—Mami, vamos a acostarnos, anda, que estoy desbarata'o —pronunció Martí con toda la inmensa humanidad de un ser muy vivo, ardiente, y amoroso.

TARDES Y NOCHES

A Barcelona.

Veintitrés años contaba entonces, tomé aquel ómnibus París-Barcelona. Trayecto más breve que mi deseo habanero. Llegué al alba. Me esperaba el profesor de inglés, el de la íntima correspondencia. La soprano me prestó un cuarto. Debí huir del hermano yonqui. Salté la altísima verja, despavorida. Acurrucada en la esquina húmeda que me brindó el antiguo barrio chino pensé que debía ver a José Batlló, en la mítica librería Taifa. No dormí. Tardes y noches leí, bailé, y templé. Di poemas a Jaime Gil de Biedma; años más tarde Martín de Riquer y Bigas Luna repitieron el gesto, regalándomelos a mí.

DE LA DICHA

He vuelto a lo esencial: lecturas, mar, soledad. Soledad acompañada de los más ilustres acompañantes, lo sueños.

Estoy leyendo nuevamente en francés, *Voyage au bout de la nuit* de Louis-Ferdinand Céline:

Qui aurait put prévoir avant d'entrer vraiment dans la guerre, tout ce que contenait la sale âme héroïque et fainéante des hommes? («¿Quién hubiera podido prever antes de entrar verdaderamente en la guerra, todo lo que contenía la sucia alma heroica y haragana de los hombres?»).

Esa frase, dentro del contexto, e incluso aislada, me provoca un inmenso placer, hasta físico: la piel erizada, el cuerpo brotado, la boca ardiente. La leo y releo. Ya estoy dentro de la eternidad de Céline, no quiero irme de ella.

Camino por la orilla de la playa, doy una larga andada a paso rápido; mientras bordeo el mar —mi amigo, el mar—, varias frases de Céline martillean en mi cabeza. También algunas lejanas de Reinaldo Arenas, de su novela *Otra vez el mar*. El agua tibia a mis pies me hace extrañar la nieve bajo mis botas, en los inviernos parisinos. Desde hace dieciséis años escribo en invierno. Casi había olvidado lo que es escribir con el mar de fondo. En París tengo la Sena. Pero no es la misma agua. No es lo mismo el río que el mar; ni el mismo discurrir. El río provoca frases pensativas, el mar: ebullición de frases, maltrechas por la lejanía. El recuerdo es entonces sopor y espuma.

Estoy bastante desconectada, no leo periódicos. Sólo tengo una hora diaria para internet. El televisor no funciona, el sol lo achicharró, por lo que al encenderlo hace el mismo ruido que si se prendiera un fogón, y luego la pantalla se pone toda roja e incandescente. Es un aparato feo e ignorado. No sé por qué sigue ahí, ¿presidiendo qué?

Camino con el libro de Céline en la mano, escoltada por el agua esmeralda. Regreso por el mismo trayecto, sedienta. Bebo un jugo de una fruta deleitosa, me tiro en la butaca de plástico, retomo la lectura. Al rato, me dirijo a desayunar; otra vez el camino hacia la playa.

Tumbada bajo una sombrilla, sueño con una pequeña iglesia copta, oscura, vacía. Entro en ella y descubro pececitos repujados en las paredes. Despierto. Leo.

Abandono el libro de Céline en la toalla. Voy al mar, nado. Nadar, que ya es lo mismo que soñar.

Acomodada en el fondo marino, contemplo los peces de la iglesia copta, el algarrobo, la malvarrosa, el guante de piel de Suecia, también el sombrero de fieltro y la escopeta. O sea, Louis-Ferdinand Céline, Herta Müller, Marcel Proust, y Sándor Marais. En el fondo del mar, me reúno con todos esos escritores que en los últimos años me han dado la vida, me arrimo a sus fetiches, que también son ellos, perfilados por el salitre.

Sin embargo, Céline me agobia, no llega a ser un autor con el que me sienta completada, y mucho menos cómoda.

AMISTAD CON ALBA DE CÉSPEDES

Frecuenté a Alba de Céspedes entre los años 1983 y 1988, en París. Nos habíamos conocido con anterioridad en La Habana, en 1981, mientras yo trabajaba (durante el período del servicio social universitario) en la transcripción paleográfica de los dos últimos diarios de Carlos Manuel de Céspedes escritos pocos años antes de su muerte en San Lorenzo. Nos presentó el historiador Eusebio Leal en el Museo de la Ciudad.

Alba de Céspedes no sólo era la nieta del Padre de la Patria, además gozaba de una intensa celebridad como escritora y periodista en Italia y en Francia. Sus libros se vendían como verdaderos *best-sellers.* Yo había leído *Cuaderno prohibido* y *Ellas*, novelas traducidas al francés, más tarde tuve acceso a toda su obra. Entonces esas obras no estaban editadas en Cuba y creo que todavía no lo están.

Durante mi estancia en París entre los años 1983 y 1988 nos aproximaron la poesía y el librero y poeta George Whitman.. Nuestro encuentro definitivo ocurrió en un Festival de Poesía en la UNESCO dedicado a Fernando Pessoa en donde leí mis poemas junto a Dámaso Alonso, Luisa Castro y Severo Sarduy, y después Alba me pidió que leyera fragmentos de su libro *Canción de las hijas de mayo.* Nacida en el mes de mayo y conmovida por una de las voces que vibra en el poema, Borjita, una cubana que sobrevive en París durante mayo del '68, accedí gustosa a la lectura, que se produjo en el gran teatro de la UNESCO (UNASCO). A partir de ahí se forjó una amistad basada únicamente en la literatura. Gracias a Alba de Céspedes leí a Louis-Ferdinand Céline.

La visitaba asiduamente en su apartamento del Quai de Bourbon, una silenciosa calle que bordea *la Seine* en la Île Saint-Louis, a unos pasos de donde habito, y que posee una historia muy atrayente.

Alba almorzaba y cenaba a diario en un restaurante situado en el número 1, donde ahora hay un bar de vinos, y que había sido *un cabaret propiedad de Cécile Renault en 1794, quien había querido asesinar a Robespierre y fue guillotinada.* Allí asistí en numerosas oportunidades acompañando a Alba de Céspedes. Mientras ella me animaba a degustar recetas típicamente francesas hablábamos plenamente de literatura y de Carlos Manuel de Céspedes; de nada más.

Pocas veces tocamos la actualidad cubana, yo lo evitaba, intuía que no debía hacerlo si quería conservar su amistad. Sin embargo, una vez se propició una conversación sobre política y quise contarle a Alba cómo se sentía la juventud cubana y lo que pensábamos de Fidel Castro, ella me paró en seco. No, no había quien le tocara a Fidel. Mi súbita introducción la obligó a cambiar de actitud. A Alba le brincaban constantemente sus pupilas claras dentro de unos ojos inteligentísimos. En ese instante su mirada ahora enturbiada se extravió en un punto a mis espaldas. Ella «amaba» a Fidel, y así me lo dejó claro. No quería oír ninguna opinión en su contra.

Durante unos meses me tocó servirle de «asistenta literaria» mientras escribía el guion de *El siglo de las luces* para Humberto Solás. Mi trabajo consistía en hallar las partes descriptivas de la novela que pudieran ser adaptadas a diálogos. Fue un arduo trabajo cuya única retribución fue la de su compañía. Alba se comportó de manera muy amable, me prestó libros de raras ediciones; leíamos juntas en italiano y en francés pues se había propuesto que yo aprendiera también el italiano. Me convidó a que ocupara una habitación en su casa por tiempo indefinido, no lo acepté; seguimos viéndonos hasta que yo regresé a Cuba en 1988.

Alba iba casi siempre acompañada de Stefano de Palma. Un hombre muy culto y simpático, sumamente discreto, con quien trabé muy buena relación. Era él quien se ocupaba de todo lo de ella. Todavía se sigue ocupando.

Fue Stefano de Palma quien me escribió en nombre de ambos, cuando perdí a mi segundo esposo, José Antonio González, en un accidente de avión. En su carta, hacía alusión a la presencia de Alba y la suya en una exposición de fotos del Che en la Embajada cubana en París. Alba jamás cambiaría. Lo supe siempre. De vez en cuando releo sus libros y sus notas relacionadas con Carlos Manuel de Céspedes, en recuerdo de una estrecha y hermosa amistad literaria y me atrevería a añadir que también histórica.

EL VEINTIÚNICO

No hubo nada peor para mí que la época de adolescente en Aquella Mierdeta.

Flaca (aunque con mendó, sabor, *swing*), cuatro-ojos de fondo de botella, unos espantosos espejuelos modelo *t'ostenemos* que vendían en la óptica de Línea, en el Vedado; sin apenas ropa, dos pares zapatos, las botas ortopédicas y las sandalias rusas, y lo peor, sin blúmeres y sin ajustadores. Pasaba la mayor parte del tiempo vestida con el uniforme escolar y con aquellas sandalias azules soviéticas a las que mi madre les tuvo que recortar la punta para que los dedos se me salieran por el frente, porque ya empezaban a quedarme chicas. Con los dedos gordo y el del medio barrí el asfalto de buena parte de La Habana Vieja y Centro Habana. Tuve esas sandalias hasta que se me desbarataron en los pies. Las botas ortopédicas ya no me entraban porque se fabricaban en la RDA y entre el tiempo en que la tienda las mandaba a confeccionar allá y el que llegaran a tus pies ya habían transcurrido dos o tres años, crecimiento incluido, por supuesto.

Pero yo lo que peor viví fue la falta de blúmer. Por la casilla B4 de la libreta de racionamiento daban derecho a comprar anualmente un blúmer o un ajustador, había que escoger, cuando había para escoger, porque a veces no surtían ni de blúmer ni de ajustador y te quedabas en eso, como la boba de Calimete, que en cuanto uno se la saca, otro se la mete.

Los ajustadores y blúmeres que vendían eran tan feos —como recordarán— que yo salía de la tienda casi siempre llorando. Mi madre, de menos senos que yo, me daba entonces su derecho al ajustador, blanco, de copa picúa, y de unas tiras que se empercudían de sólo mirarlas. Pero ella no podía quedarse sin su blúmer, entonces un año sí y otro no, yo le cedía mi derecho al blúmer. Con lo cual, estuve andando durante cuatro años con dos blúmeres, dos y va que chifla. Cuatro años, que se me ripiaron en el culo, porque yo siempre ripiaba los blúmeres por el culo. Andar con los blúmeres zurcidos era para mí una pesadilla, cuando ya no podías zurcirlos más porque la mala calidad del jersey no lo resistía y cuando ya todos los elásticos habían cedido podridos por la humedad y la antigüedad, pues entonces había que andar de todas-todas con esos blúmeres ahuecados y de pata ancha, lo que significaba para mí una verdadera penitencia.

Nunca olvidaré que, en una ocasión, durante el recreo, los varones me alzaron la falda de la escuela, la famosa «saya», y descubrieron muy divertidos mi blúmer agujereado. El impacto de la burla me ha durado toda la vida. Todavía no me he recuperado de aquellas carcajadas y de los crueles nombretes: Nalgae'fuego era uno de ellos.

Cuando empecé con mi primer novio, mi mayor preocupación no era que me besara o me tocara una teta, sino que me sorprendiera una corriente de aire o manga de viento por el Malecón y se me viera el blúmer lleno de huecos y desbembáo en las patas. Mi obsesión, mi sueño de aquella época entonces era llegar a poseer un blúmer bonito, sin huecos, y con elástico firme.

La madre de una amiguita mía de la Secundaria «Forjadores del Futuro» («Comedores de pan duro», le llamábamos agriamente), no sé cómo ni por qué vía, pudo comprar en el mercado negro, a un precio exorbitante, un blúmer rojo para su hija, de encaje, nada del otro mundo, aunque diferente, eso sí. La muchachita nos lo enseñó a todas en el baño de la escuela, no tanto para darse valijú, y de paso darnos «caritate», sino para negociar con el blúmer. Lo que hizo de inmediato.

Nos prestaría el blúmer a todas aquellas que la ayudáramos a subir las notas (o sea, a las que le permitiéramos fijarse de nuestros exámenes). Yo fui la primera en negociar, acepté que copiara como una «caballa» lo que quisiera de mi examen de Español, de Historia, y todo lo que tuviera que ver con Letras, con tal de que me prestara el dichoso blúmer; otra condiscípula negoció los exámenes de Ciencias. Y así ella fue negociando lo que le dio la gana por toda la escuela con aquel blúmer que nos parecía de ensueño.

De modo que el blúmer rojo de Maritza se convirtió en el blúmer de pueblo. «El Veintiúnico», lo bautizamos. Y aquel blúmer le dio la vuelta a la escuela y pasó por todos los «totos» de todas las niñas de mi grado. Se convirtió en una especie de fetiche itinerante. Un libro por el blúmer, un chiclet masticado por el blúmer, un pintauñas por el blúmer, una liga de pelo fluorescente por el blúmer, un pañuelo de cabeza con hilitos dorados para el torniquete por el blúmer, y así sucesivamente... Lo dicho, un auténtico fetiche. Todavía hoy lo es para mí. Cuando entro en una *boutique de lingerie* aquí en París, lo primero que busco son los blúmeres rojos de encaje. No salgo de la tienda sin uno color punzó.

No sé qué se habrá hecho de Maritza, la he buscado en Facebook y en las redes sociales, sin éxito. Ojalá un día pueda testimoniar ella misma y confirmar lo que hoy les cuento: de cómo El Veintiúnico nos salvó el culo, el pipisigallo, y la adolescencia a unas cuantas jóvenes habaneras.

LA MIRADA
DE GUSTAVO VALDÉS RIVERA

Nunca me sentí mejor observada que por mi querido hermano; tras su lente escrutaba cada parte de mi rostro, y seleccionaba invariablemente el gesto oportuno.

«La cámara te quiere, *estamuchacha*», me dijeron tantas veces en el pasado. No es cierto. El que me quiere es aquel que se coloca, o se colocaba detrás del lente. En aquella época neoyorquina fue mi hermano.

En Central Park me senté por fin en un banco a descansar los pies, los zapatos me apretaban. El captó, más que mi fatiga, la insolente posición de mis piernas.

Después fue subiendo hacia mi rostro, recuerdo que me dijo:

—El sol reverbera en tus pupilas —sólo eso.

Hoy todavía el sol reverbera en mis pupilas, como en aquella foto, como en aquel banco. Aún como extenuada en Central Park.

MUSEOS

No hay nada que ame más que detenerme frente a un cuadro —si es posible durante horas—, descubrir y garbear los sutiles y majestuosos laberintos que nos tiende un pintor. Sí, yo también me he salvado a veces como aquel anciano Wang Fô, en la pluma de Marguerite Yourcenar.

Durante mucho tiempo los museos han sido mi mayor y más constante refugio, mi hondo consuelo, el único sucedáneo.

El MoMa fue y es uno de esos recintos en los que he suspirado infinidad de veces y hasta llorado de emoción, y he sonreído también toda turbada; donde he imaginado interminables poemas, y por el contrario escuetas y elocuentes novelas, inspirados por esos apreciados artistas y su obra.

La pintura, la verdadera pintura, es una de las motivaciones esenciales de mi escritura. Cuando escribo ansío, o sea ambiciono con toda la pretensión del mundo, alcanzar ese azul perfecto que tanto obsesionaba a Vincent Van Gogh.

LA EDAD DE LA RABIA

Fue mi época más rebelde. Rebelde contra mí misma. Enviaba artículos a todas partes del mundo sin quererme la boca. Andaba de china-irlandesa más que de cubana. Odiaba ser cubana. Todo me quedaba grande, hasta yo misma me quedaba grande. Escribía a toda hora. Apenas dormía, y comía menos.

Mi hermano Gustavo Valdés Rivera se hallaba siempre anguloso detrás de la cámara, en aquel Nueva York del «Priscilla Delicatessen», y si no era él entonces Jacques Bellemin-Comte, el *chef* francés del «Priscilla Delicatessen», era quien se entregaba en alma a captar mis soledades en las azoteas del Harlem Hispano en aquella Nueva York donde viví aventuras inextricables.

Fumaba, me moría de hambre y de otras veleidades. No poseía más que el sombrerito comprado en Canal Street, el impermeable prestado de mi hermano, una cartera de falsa piel repleta de libros; y esa ira, la cólera innata de los que nacieron a porfía de sus padres.

Mi mayor rabia era en contra de mi propio nacimiento en aquel año fatídico. El año de todas las traiciones. Nacer, empezar en el año del fin, me parecía la peor de las predicciones. Entonces, en cuanto pude, decidí envenenar a la Astarté que habitaba en mí.

«NOSTALGIA»
DE CICLONES HABANEROS

¡Ay, cuanta «nostalgia» de aquella bendita harina caducada, cundida de gorgojos —como única proteína— con la que matábamos el hambre en períodos cicloneros en Aquella Cagarreta Tornasolada! Desabrida harina cual maná celestial, sin embargo; aunque sin Vita Nuova, ni sal, y mucho menos una mísera rodajita de cebolla. ¿Ajo? El ajo sólo lo padecíamos —de vez en cuando— en efluvio pestilente emanante de los sobacos soviéticos, un hedor a ajo reabsorbido por las tenebrosas pieles sonrosadas y sudorosas, de un sudor blanco y cremoso.

¡Oh, los trozos de techos cayendo, el cráneo sangrante, las tejas que volaban, cual tiñosas enardecidas, la ceja partida taponada con un cacho de *teipe* a falta de curitas! Y el pan con azúcar prieta cuando se acababa la harina.

Nada de clavos, muchos menos tablas. ¿Agua? Ni en la pila (grifo, sí, aquí aprendí a llamar grifo a la pila). Ron de la bodega, si acaso, mezclado con Trifluoperacina y Valium para olvidar, o dormir. Dormir por turnos, no fuera a ser que el solar se desmoronara y la desgracia nos sorprendiera en plena zurna.

La vecina tocaba a la puerta, incesante y atacante, una y otra vez... Mi abuela me hacía raras muecas, inmovilizándome con la severidad de su azul y penetrante mirada, para que no la delatara con lo de los huevos. Por fin abría la puerta, a medias, y la visitante atacaba ni corta ni perezosa:

—¿No te queda un huevo, o al menos la mitad de una lata de Jajá a la Jardinera?

—«Nereida Naranjo»" —que quería decir que no, que nada, a través de la rendija.

Yo, con tremendas ganas de traicionarla, de acusarla de mentirosa, de egoísta, de casa-sola. Nos quedaban dos huevos, es verdad, y media lata de ají agrio relleno de una pasta de ave. Averigua.

¡Cómo extraño aquellos temporales en los que el mar se desbordaba y el salitre rociaba de una capa blanquecina y nacarada toda la ciudad oxidando hasta las agujas de coser y las peligrosas cuchillitas de afeitar Astra, guardados dentro de los herméticos canasteros!

¡Ah, rebeldes hormonas de mi adolescencia, aquella regla abundante y roja, contenida a duras penas con viejos trapos recortados de una ripiada sábana!

—A ti nada más se te antoja hacerte señorita en medio de un ciclón —fue la única frase que se le ocurrió a mi madre el día en que me convertí en mujer, atareada como estaba en bloquear con medio ladrillo la furia de la ventolera que entraba por un ojo de buey cuyo cristal estaba roto desde el dos de mayo de 1959, la tarde en la que se puso de parto de mí, y le lanzó un destornillador por el güiro a mi desconcertado padre, y éste lo esquivó, por suerte para él y desgracia del ojo de buey.

¡Ciclones, huracanes habaneros, qué hubiera sido de mí sin ellos! ¡De su estimulante aburrimiento!

—¡Acaben de darle un papel y un lápiz a esta chiquita, a ver si deja de una maldita vez de rejoder y de treparse encima del escaparate! —rezongaba mi tía.

Entonces yo me ponía a escribir, como ahora, porque era lo único que me calmaba los nervios.

«AJCO»

No veo los Emmy Awards, tampoco me interesa ninguna serie de esas, pues empezaron a aburrirme desde hace ya ratón y queso (creo que las últimas que vi fueron *Dexter* y *Homeland*, y esta ya ni la sigo), porque la receta no varía, siempre es la misma candanga. Además, ya no tengo Caja Tonta que Eructa, expiró, haciéndome un bien inenarrable. Por lo cual, no le doy audiencia a ninguno de esos actores ni actrices, que más idiotas, extremistas, y poco profesionales no pueden ser.

Desde hace tiempo sólo me deleito y *redeleito* con películas de los años 30, 40 y 50 del cine dorado hollywoodense; de vez en cuando alguna japonesa o sudcoreana. Igual una que otra película *frenchi* porque a veces, entre alguna que otra década, parten el bate, pero tampoco son en la actualidad lo que fueron.

De paso también he renunciado a ver los telediarios, y he rebajado el número de periódicos que leía a unos pocos, contados con los dedos de una mano... A ver, creo que me sobran tres dedos.

He vuelto a los clásicos griegos, a los que releo y redescubro.

De los libros ni hablemos. Una cosa es cierta: No leo ni leeré a ningún cubano de Aquella Cagarreta. Tampoco veo ninguna película proveniente de allá. Por muy *Santa y Andrés* que se titulen. Me cansé de lo mismo, del bohío, la miseria, y del maricón de turno perseguido, o sea fórmula mezcla de Nicolasito

Guillén con Julián Schnabel y Reinaldo Arenas (ídolo). Igual me equivoco. En ese caso, pido disculpas.

No acepto apenas invitaciones a Festivales de Cine, como no le detecte algún interés personal para mi obra. No estoy para perder mi tiempo aburriéndome o enervándome con la repetición de la escena políticamente correcta *ad nauseum* en uno y otro filme, como si el guion lo hubiera escrito el mismo tarado o la misma tarada de los mojones con púas anteriormente vistos.

Quedan los museos, eso sí. Ya saben, el Louvre, al que voy dos veces al mes, como mínimo, a detenerme frente a los mismos cuadros en los que me detengo desde hace 27 años. Y, el resto. Es verdad, tampoco puedo con ningún museo que tenga que ver con *performances* ni instalaciones. Voy en busca de la verdadera pintura. No me llamen a donde no haya paletadas de óleo o acrílico (concesión extrema) y trazo dibujado. Todo lo demás es engaño.

En cuanto a la música, lo único que me interesa ahora mismo es el silencio. Y de vez en cuando alguna cítara, un tambor de los que yo me conozco, una voz rara, y lo clásico y lascivo de toda la vida, sin distinción de géneros ni estilos. Lo sé, me he puesto muy selectiva; eso sí, excesivamente selectiva.

Pues eso. Bof.

MI AMANTE LA NOVELA

El título de esta serie de conferencias me sorprendió: «El amor en los tiempos de la novela», en claro homenaje a Gabriel García Márquez, puesto que el amor siempre ha estado presente en la novela y en cualquier representación artística, en todas sus formas, incluida la del desamor, mucho antes de que Gabriel García Márquez ni siquiera pensara en nacer. Uso aquí una forma y fórmula muy poco racional, aunque de filosofía callejera del argot cubano, que indica un suceso inconcebible, y pongo el siguiente ejemplo, en voz de una madre que le reprocha alguna travesura a su hijo: «¡No me lo niegues, no lo niegues, tú lo hiciste, mira que yo te conozco a ti antes de que tú pensaras en nacer!». Raro, porque en verdad una madre no puedo conocer a su hijo antes del nacimiento, y mucho menos un hijo puede pensar en nacer antes del nacimiento propio. Pero el idioma español tiene sus farsas y teatralidades que la razón desconoce, mucho antes de nacer, por supuesto, el argot cubano.

El título de las conferencias también pudo haber sido: «El amor no tiene quien le escriba», ya que vamos de homenaje a García Márquez, y siguiendo la rima del primero. Lo que me parecería más adecuado, porque mucho ha variado el trato del amor en la escritura. Más bien el amor se ha alejado, o lo han alejado de las novelas; del mismo que de las sociedades en las que vivimos, donde el tema del amor puro apenas existe, si no es convoyado con vampiros, negocios bancarios o burdeles, en el mejor de los casos —¿no resulta acaso una redundancia?—, ángeles y demonios, guerras y terrorismo.

Aparte de los autores clásicos de las novelas de amor, los más conocidos —a mí que siempre me ha gustado *El amor en los tiempos del cólera*—, me han influenciado, más que García Márquez, del que no reconozco ninguna influencia literaria, aun cuando lo aprecie única y exclusivamente de manera literaria en algunos de sus libros, otros autores como es el caso del teatro de Federico García Lorca, de la obra de «un» Virgilio Piñera, de Lino Novás Calvo, de Carlos Montenegro, de Guillermo Cabrera Infante, de aquellos diálogos cruzados de *La Casa Verde, Conversación en la catedral*, de *Pantaleón y las visitadoras*, de Mario Vargas Llosa, y para irme más atrás, de aquellas autoras del siglo XIX: Madame de Stäel, o la romanticísima George Sand.

Mis lecturas de François Rabelais, de Gustave Flaubert, de Victor Hugo, de Charles Baudelaire (por cierto, uno de los detractores de George Sand), de Honoré de Balzac, y de Elsa Triolet, así como de Alberto Moravia, de Georges Bataille, y la apreciación de la magnífica obra, literaria y pictórica de los surrealistas, pongo como ejemplo a Henri Michaux y a René Char, entre otros, conformaron un gusto por el amor libre dentro de mundos encadenados, o amores ahogados por sociedades totalitarias, que es en definitiva lo que me tocó a mí como experiencia personal y de lo que pude ser testigo y víctima—-incluso si la palabra me disgusta, no hay de otra y no existe otra—. Aunque debo dejar claro que yo no escribo literatura de testimonio ni de mensaje, porque cuando escribo no me creo que estoy en un tribunal y mucho menos en la oficina de correos.

Desde que empecé a escribir poesía, sólo he escrito sobre el amor, aún cuando estuviera hablando de un gato que atraviesa los tejados de una vetusta casona en La Habana Vieja. Toda mi poesía, a la que yo llamé «erónimos», por tratar los temas eróticos con ironía, y sonetos infieles (cuando escribía sonetos, pues era indecentemente muy joven para tales sonetos), no ha tratado de otra cosa que no sea del amor.

En la novela me ocurrió lo mismo. No sólo *Sangre azul*, mi primera novela, cuenta las peripecias amorosas de una adolescente en La Habana de los años ochenta, en medio de un ambiente sórdido-cultural-castrocomunista, quien sólo admite ser una Irreal y renuncia a aceptar absolutamente todo lo que tenga que ver con los espacios reales del realismo socialista castrista (pasado por agua —por no decir salfumán—, pero realismo socialista al fin); además de su tema, fue una novela escrita por amor. Anhelaba demostrarle a la persona que más amaba, al que yo creía en aquel momento que era el hombre de mi vida, *à tout jamais*, que yo era una verdadera escritora, una novelista, para más desgracia. El reto me ha perseguido a todo lo largo de mi existencia. Aun cuando ya aquel hombre dejó de ser el hombre de mi vida para transformarse en el hombre de mi muerte; y de haber llegado a la conclusión que, de manera más práctica, el hombre de tu vida es aquel que te deja escribir en paz las novelas que tú has querido imaginar, luego de haber vivido libre, sobre todo dentro de lo insondable de tu mente.

Marcel Proust escribió aquello de que *la vida es una novela*, y esa es una de las grandes verdades a las que se aferra el novelista, una especie de clave, o de llave, que nos abre la puerta hacia los laberintos de la escritura prosística, que es la prosaica. Sólo que no todo el mundo es Odette, ni Swann, que se amaron en la indecisión de la diferencia de clases sociales, y atrabancados bajo el nerviosismo asmático de la vasta memoria del autor. Marcel Proust escribió siete tomos en absoluto trance amoroso, en la última frase murió. También James Joyce poseía una manera muy simbólica de observar la vida y el amor, porque no hay vida sin amor, y añado en ese simbolismo del padecimiento social amoroso a Samuel Beckett, así como a Milan Kundera, Gilbert Keith Chesterton y Sándor Márai; con todos ellos he convivido, y de ellos he bebido el licor que sólo hace efecto cuando se ha empantanado natoso en las profundidades del conocimiento.

No creo que mi obra novelística haya crecido sin la lectura tenebrosa de Carson McCullers y de William Faulkner. Ahora abro un paréntesis para recordar que Reinaldo Arenas opinaba lo siguiente en uno de sus últimos artículos: *En realidad, hace más de veinte años que García Márquez debió comparecer ante los tribunales norteamericanos por haber plagiado incesantemente a William Faulkner. Pero los norteamericanos tienen tan mala memoria que seguramente no recuerdan quién es Faulkner. En cuanto a la pobre «inteligencia» yanqui, padece tan profundamente el síndrome de la culpa que prefiere desechar el original «imperialista» y leer una versión colombiana del mismo, versión que es además populista, y menos compleja.* Lo escribe un autor que concibió una de las más complejas historias de amor que se haya escrito nunca en *Otra vez el mar*; autor de *Celestino antes del alba*, la verdadera primera novela del realismo mágico —muy a su pesar—, terminada muy anteriormente a *Cien años de soledad*. Un autor, en fin y al fin, enamorado de la literatura. Y, eso fue lo que mamé en Faulkner y en McCullers: la savia seductora de la descripción.

El tema del amor en la novela se amplía, complejizándose, precisamente cuando las autoras del XIX empezaron a contar lo que en sus salones y tertulias literarias se decía alto y claro, y en las calles se rumoraba tras los abanicos nacarados, o tras los encajes de los puños de las camisas de holán fino, preferiblemente por los hombres, y lo que ocurría después de esos encuentros, en salones más reservados y durante furtivas y ardientes aventuras. La novela devino *maison close*, la llave secreta fue entonces escondida entre los guantes femeninos. La novela se erotizó y dejó de ser mero exceso de lamentos, para devenir quejidos, gimoteos sulfurosos, pellizcos picantes. El deseo afloró y se amparó del lenguaje.

No soy de las que piensa que existe una novela femenina y una novela masculina. De hecho, nada impidió que Gustave Flaubert escribiera *Madame Bovary*, y que declarara luego que «*Madame Bovary, c'est moi*» y, que por otro lado, Marguerite Yourcenar escribiera *Memorias de Adriano*, situándose en los poros, en la piel de un emperador, o mucho antes, *Alexis o el Tratado del inútil combate*, colocándose en la posición de un hombre que acaba de huir de su mujer dejándole una carta donde le comunica su bisexualidad u homosexualidad.

Justo por otra parte, en *El amor en los tiempos del cólera*, el autor no distingue predilección por uno de los dos en la pareja de enamorados, y es que se trata de una novela de amor, donde el amor está personificado por la pareja, y por la memoria afectiva, que en las novelas de amor resulta la más eficiente de las Celestinas. Pero es una novela asexual, sin sexo, desprovista de deseo.

Soy, sin embargo, de las que cree en «El cuarto propio de Virginia Woolf», un cuarto donde almaceno experiencias vividas y leídas. Sexo y deseo, erotización y placer, conocimiento, sabiduría.

Una novela no debiera definirse por el género del autor, una novela debiera redibujarse en la lectura por su propuesta del deseo y del amor que el autor enfoca. La presencia del cuerpo y su relación de deseo amoroso con el otro debieran ser los rasgos distintivos de una historia. Mientras más deseo y más amor exista en una historia que se cuenta con mayor fluidez el idioma se revela y se rebela, fulgura en todo el esplendor de su riqueza. Si se ha dicho que el francés es el idioma del amor, el español es el del deseo. Lo que ha sido altamente probado por Miguel de Cervantes y Saavedra, Manuel Mújica

Láinez, por Luis de Góngora y Francisco de Quevedo, por Sor Juana Inés de la Cruz, Octavio Paz, y Jorge Luis Borges, por el inefable Eduardo Mallea, más padres que maestros de todo escritor que aspire única y exclusivamente a extraer sensaciones y fruición de cada palabra que escriba.

Las protagonistas de mis historias tienen un denominador común, todas aman, sin pedir ni reclamar más que eso, que las dejen amar, en contextos sociales revueltos, «revolucionarios» en el preciso sentido de la palabra, y totalitarios, en el más triste sin sentido del término. El amor les duele del mismo modo que sus cuerpos cuando enferman. Se afiebran de deseo del mismo modo que la temperatura las abrasa a causa de la enfermedad real, cruda, mortal.

El amor sin límites es lo que me mueve a la escritura. No escribo para que me amen. Escribo para descubrir cada día el amor, y si esto no me ocurre al borde de la almohada, al menos que pueda sucederme en la blancura anhelante, ávida, de la página que reclama con gemidos lascivos una caricia escrita. Yo escribo para amar. Que me amen resulta demasiado egoísta, y hasta egotista. Amar quizás sea más piadoso.

Yocandra en *La nada cotidiana* y en *El todo cotidiano*, de reciente reedición en Planeta, es una mezcla de Yocasta y Casandra. Es el nombre derivado de su creador: un hombre. Ella aprende mediante el tacto, a través de las pulsiones corporales del deseo; reacciona carnal y minuciosa en sus transgresiones, porque su cuerpo late con amor y apetito. Yocandra es una resistente, una gladiadora solitaria, en medio de un mundo donde se acabaron las artes amatorias, donde Ovidio no tendría cabida. Amar no está de moda; *se acabó el querer*, así rezaba la canción tan pobremente popular en la Cuba de los ochenta de la agrupación musical Los Van Van. Yocandra busca la salvación en el amor y la voluptuosidad. Su estrategia para la fuga se ampara de la pasión como táctica.

Mirarse a los ojos es como dispararse un misil, concluye uno de los personajes. Porque el amor bajo los totalitarismos debe ganarle a la guerra cotidiana de la mera existencia.

El amor en los tiempos de la novela empezó por un beso y casi va decayendo con un trompón que parte el cuello, y deja a la amada sangrando, y al amante convertido en asesino, «maltratador de género» —que no sé ni lo que quiere decir en el oportunista lenguaje de los políticos—. Es el caso de la protagonista de *Querido primer novio*, una novela en la que Dánae, la figura principal, es maltratada física y verbalmente a diario por su marido, quien asegura amarla tanto que no puede vivir sin golpearla. Y ella lo ama tan *enloquecedoramente*, que no puede resistir sin el trastazo en la chola (cabeza). Hasta el día en que se acuerda de cómo amaba ella en la infancia, de cómo adoraba la tierra, de cómo debió huir del asfalto para refugiarse en la naturaleza, y de cómo descubrió en el campo cubano otra forma de amar, inocente, sexual, libre, en los brazos de una niña. Una niña de su edad que la salvará, con su silueta potente, dual en el recuerdo, acunada y crecida con la melodía de la madre tierra, rebelde en el transcurso de la herencia, que ya es la Historia dentro de la historia, de una isla que quiso construir el paraíso y creó el infierno.

En *Lobas de mar*, una novela mitad de aventuras y mitad mentira histórica, cuento la vida de dos mujeres piratas que fueron las que sellaron la historia de la piratería en El Caribe, tal como se vivía a finales del siglo XVII, Mary Read, y Anne Bonny. Y por supuesto, su relación amorosa que devino credo y enredo o *ménage à trois*, aliñada con la presencia del pirata Calico Jack.

Lo que me atrajo de estas dos mujeres fue, sin duda alguna, sus trágicas infancias, que la condujeron a la búsqueda del amor a todo costo, de diversas maneras, por diferentes caminos. Mary Read, la más pobre, fue la que acogió el amor adulto como un compromiso exclusivamente artístico: el amor reconocido como arte. Anne Bonny, de familia rica, pero cuya vida se deshizo a los trece años cuando se vio obligada de asesinar a una persona allegada, concibe el amor como una vía estricta que conduzca al enriquecimiento material.

Sin embargo, cuando estas dos mujeres se encuentran, vestidas de piratas dentro de la embarcación, creyendo cada una que la otra es un hombre, se entregan de manera apasionada a una de las más misteriosas aventuras amorosas que el Caribe haya parido. Aun cuando se enteran de que ambas son mujeres, y que Calico Jack se introduce entre ellas, continuarán amándose, sabiendo que su amor contiene algo de excepcional, que se trata otra vez de una obra de arte. Poseen la certeza de que nunca, antes ni después, existirá un amor como el de ambas, mujeres piratas. Mujeres con el cuerpo lleno de cicatrices. Las del alma, sin embargo, ardían con mayor inquina y severidad.

No voy a declararles que la literatura es sólo amor, que la novela es puro amor, la novela también es horror, evasión; la novela es todo, porque la vida es todo. Pero sucede que el amor posee diversos rostros: el de la pasión, el del deseo, el de la traición, el de la ternura, el del compromiso; y todas esa caras llevan capas de maquillaje a su vez, diversos colorines que el contexto en el que se mueven propone teñir los sentimientos, sus mutaciones. La narración novelada, así como la poética, es dolor, angustia, enmascaramiento, dulce muerte, renacimiento, o resurrección, y adversidad. Lo demás es cuento. Lo demás es sólo cuento.

En la novela hay una entrega amorosa inevitable, y también una entrega plácida, lúcida, plena y trágica. Es por la razón por la que el misterio más inasible no se halla encerrado o escondido en religión alguna, vuela libre en la literatura. Lo difícil resulta el poder atraparlo en pleno vuelo, porque la novela es ese pájaro, jamás en reposo. Un pájaro que se manifiesta mutado, a través de los novelistas, con un extraño y seductor canto.

Juan Abreu hizo, sin proponérselo, una paralelismo de la novela como ecuación, como confesión dentro de la novela, con su obra *El Pájaro.*

No hay una de mis novelas en que yo no haya dejado de decir todo de mí; tanto, que ya no sé qué parte de mí fui yo verdaderamente, y cuál nunca he sido. Ahí creo que radica el erotizamiento pudoroso del deseo del novelista. No hay nada más parecido al orgasmo que esos momentos en que el novelista está escribiendo olvidado de lo que le rodea, cuando su cuerpo se separa de su espíritu durante unos lentísimos segundos y puede observar carne y alma separados, desde ese trono en forma de beso que nos facilita el poder de devenir un ser semejante a Dios.

Otras novelas vendrán, como otros amores… Como el amor de Jesús a la vida, y a la cruz.

EL FANATISMO O
MAHOMET EL PROFETA, DE VOLTAIRE

Anoche me desvelé (*when else?*) y me puse a releer a Voltaire. Retomé esa obra extraordinaria titulada *Le Fanatisme ou Mahomet le Prohète* que habíamos comentado hace unos días un amigo y yo. Qué grande Voltaire, cuánta sabiduría y valentía. Voltaire escribió esta tragedia en 1736 y fue estrenada en Lille el 25 de abril de 1741 en un teatro de la calle Vieille Comédie, en París se repuso el 9 de agosto de 1942.

El contexto de la obra transcurre durante el asalto y ocupación de la Meca por Mahomet en 630. El drama nos cuenta el enfrentamiento de Mahomet con el viejo Zopire, y con Schérif, el Cheikh de la Meca, cuyos hijos fueron secuestrados por su enemigo Mahomet.

Voltaire enfrenta virtud y fanatismo. Mahomet aparece como un nuevo César, como un oportunista estratega que sabe que el Imperio Romano dejó de ser el Imperio Romano con todos sus poderes, que Persia ha sido vencida, que la India ha sido rebajada al oneroso esclavismo, que Egipto fue arrasado, y que Bizancio ni siquiera existe como Bizancio. La hora de Arabia ha llegado por fin, se dice radiante: *Es necesario un nuevo culto, se necesitan nuevas cadenas; es necesario un nuevo dios para el ciego universo.*

Mahomet, por supuesto, ve su nueva religión como una política (léase ideología). Ni él mismo cree en los dogmas que le impone al pueblo, pero sabe que ese pueblo los obedecerá y le seguirá a él con el furor de los fanáticos. Voltaire, en fin, escribió una obra contra el Islam, aunque también denuncia toda religión monoteísta y todo tipo de imperialismo.

Ahora, a ver, díganme ustedes, lectores, ¿quién tendría en la actualidad el valor de estrenar esta obra en un teatro, o de llevarla a la gran pantalla? ¿Podríamos esperar algo del director y los actores de Broadway que hicieron *Hamilton*, o alguna cosita mínima por parte de Hollywood relacionada a Voltaire y su tirano Mahomet? ¿La *Comédie Française*, la Ópera, el cine francés nos dirían algo al respecto; estarían dispuestos?

Bah y recontrabah.

POLÉMICA

Tengo que soltarlo, porque llevo esta espinita por dentro y me cosquillea puntillosa desde el huesito de la alegría hasta el cráneo y a la inversa. Hace unos días (29 de Octubre del 2017) intervine en un conversatorio sobre Arte y Política organizado por Henrique Faria Fine Art en la Miami Biennale, la galería de Wynwood en Miami que presentó en aquel momento la Expo de Waldo Díaz Balart, pintor concreto que les recomiendo.

Al final del evento se produjo una discusión saludable, a mi juicio, entre Víctor Deupi, presidente de la Fundación Cintas y profesor de Arquitectura y Diseño de la Universidad de Miami y los que allí estábamos. O sea, surgió el tema de la polémica sobre la Beca Cintas, que como saben fue creada para artistas y escritores del exilio y que ahora se abre además a los artistas y escritores subvencionados por el régimen comunista de la isla.

En un momento también yo mencioné la polémica —no fui yo la primera en hacerlo— creada por esta nueva decisión de la Fundación Cintas de premiar a los artistas e intelectuales «cagonios» de Aquella Cagarreta, a la que yo llamo Ínsula de Cagonia. Entonces el señor Víctor Deupi reaccionó afirmando que no había habido polémica alguna con relación a la Beca Cintas. No quise alargar la cosa porque había que cerrar la galería debido a una alarma *quelconque*. Pero ahora voy a continuar aquí.

Siento contradecir al señor Deupi, pero sí que ha habido polémica relacionada con la Beca Cintas, puesto que varios escritores y ganadores de la Beca Cintas no sólo se mostraron públicamente contrarios a esta decisión, además al menos uno —que yo conozca— renunció a su muy merecida Beca Cintas como es el caso de Juan Abreu. Por otra parte, no veo cuál es el problema de que exista una polémica. Polemizar no sólo es una de las pruebas más cultas de la inteligencia de los seres humanos y pensantes, además, una polémica enriquece y anima el espíritu a través de la discusión y la diferencia de opiniones. En donde único no existen ni hay derecho a las polémicas y a polemizar es en los países totalitarios y comunistas, como en Cuba.

Mientras más polémicas existan y se promuevan sobre la pésima política de intercambio cultural unilateral entre el régimen facho-comunista castrista y sus representantes (artistas y escritores kubanoides cagonios) y los emigrantes que no quieren ser considerados exiliados —no es mi caso, yo soy una exiliada pura y dura—, mejor podríamos entender nosotros, los poetas y novelistas —ahora sí es mi caso— el gravísimo trauma reiterativo en la mente y en sus acciones de los traidores a la libertad.

REINVENTAR

Definitivamente es otra época, una época insulsa donde ya a nadie le importa la pureza e inocencia de los niños ni la experiencia y sabiduría de los ancianos. Todo atenta contra ellos.

Lo que buscan es la idiotez y «espectacularidad» (si hay una palabra que detesto es la palabra «espectacular», por cierto, muy repetida en los medios *mayameros*,) de la juventud, sus mezquindades lógicas, sus burdos estrépitos. Una juventud que a veces se alarga infame e ignorante, avasalladora, envidiosa y concurrente hasta muy entrados los cuarenta y cincuenta años, y más para allá. Juventud, juventud, juventud, bof. Y mientras más tonta mejor.

¿Qué es esa juventud de hoy, dónde se encuentra? Vacuidad y por desgracia también ubicuidad. Han perdido la inocencia de los niños, y su hermosa pureza, y nunca llegarán a la sabiduría de aquellos ancianos de antaño, porque precisamente su experiencia juvenil se reduce a mantenerse navegando perennemente por una pantalla y a ansiar adquirir —como sea— el nivel de cualquier famoso de pacotilla. No leen, o apenas, tampoco ven buen cine, oyen sólo ruido, alejados de la verdadera música. Viajan cual bestias en un potrero, cegados tras el *selfie*. Desconocen el sentido de la palabra aventura y el secreto y densidad filosófica del misterio poético.

Sí, es verdad, qué tristeza, el mundo ha empeorado lo suficiente como para cerrar herméticamente la ventana hacia él, ponernos nerviosamente a subir o bajar una escalera: la escalera que nos conduce hacia el poder de reinventar. Pero ¿cómo? ¿En qué sentido que no coincida con los peldaños hacia el abismo?

DEL IMAGINARIO TOKONOMA
A LA PINCELADA ESCRITA

Todo empezó por un minúsculo agujero en la pared principal donde vivía en un solar desvencijado de La Habana Vieja. Residíamos en un cuarto estrecho, con los muebles apiñados, mi madre, mi abuela, mis tías (la verdadera y la postiza), mis primos segundos, y yo. Allí había nacido y crecido, en medio del peligro de un derrumbe inminente. Mi única visión consoladora era la vastedad de aquel muro descascarado que me ofrecía figuras en forma de nubes, conejos, gatos, perros, absolutamente imaginarios. Un pedazo de cal se desmoronaba y otra nueva figura aparecía ante mis anonadados ojos.

Introduje mi pequeño dedo en el agujero, fui agrandándolo, hasta que mi abuela me dio un manotazo:

—¡Si sigues por ahí tumbarás el edificio, que ya de por sí está en ruinas!.

Cesé de ampliar aquella nueva dimensión a través de la cual pretendía yo que iría a desembocar en un mundo pleno de dinosaurios, cundido de los animales más exóticos, tal como me los iba mostrando la cada vez más estropeada tapia. Pegué el ojo al agujero, creí descubrir la magia de formas y colores de un caleidoscopio. Mi madre me separó de un tirón de trenza. Ella sabía cómo extraerme súbitamente del extravío de los sueños, y no era mediante la más delicada de las formas.

Años más tarde, mientras leía a José Lezama Lima, se me ocurrió que el agujero vendría siendo como una especie de *tokonoma* personal, ese orificio rellenado de secretos y trofeos en las sabias paredes de los hogares nipones, por el que se expresan las almas atribuladas. Me dije que, si leemos en la Biblia, *el espíritu sopla donde quiera —*¿o donde quiere?*—* yo había escuchado cientos de voces de espíritus a través de aquel huraco que transformé con la uña en un gigantesco sol sombrío.

Alrededor de aquel círculo continué descascarando, procuraba formas desiguales con las uñas, terminaba con el rostro blanco de cal. Los adultos terminaron por dejarme por incorregible:

—Total, si esto se tiene que caer algún día, pues que se caiga de una manera poética.

Argumentaba contrariándose mi abuela con una sabia serenidad. Así sucedió, al fin aquello se hundió desde el artesonado del techo; por poco mi abuela y yo no sobrevivimos para contarlo. No fue nada lírico.

Muy anterior al fatal derrumbe, una tarde, mientras deambulaba por la calle Conde en dirección a la calle Merced, a donde se había mudado una de mis atolondradas tías, encontré mi primer tesoro: una bolsita llena de creyones, semillas, y una alianza de oro. La alianza de oro mi abuela la guardó al punto en el bolsillo del delantal; «para cuando seas grande», soltó. Las semillas las disparé una a una dentro de la perforación, en el que ya había comenzado a introducir cualquier cantidad de objetos extravagantes, transformándolo en una suerte de cofre de tesoros perdidos, o hallados. Mostré los creyones a mi madre, respondió:

—No tengo papel para que pintes, si quieres pintar, pinta ahí mismo… —señaló para la pared. Ese mundo muy mío, tan mío.

Si mi abuela fue la que me colocó en el camino de la escritura, mi madre fue la que, tal vez sin quererlo, y quizás para que la dejara tranquila y no continuara lanzándome de cabeza desde lo alto del armario hacia el colchón, no por miedo a que me rompiera un hueso, sino por temor a que el colchón perdiera los últimos muelles sanos que le quedaban, me puso en el rumbo de la pintura. Ambas en el de la lectura.

En pocas semanas en la pared del cuarto surgieron las más insólitas formas, animales, rostros, diálogos entre ellos, que sólo un niño es capaz de pintar. Las yemas de los dedos reemplazaron a los creyones cuando estos se gastaron, hasta que la piel quedó al rojo vivo. Entonces, también, del hoyo surgió la raíz de una especie de arbusto extraño, florecido, y que por razones misteriosas creció todavía más hasta devenir sólida arboleda.

No sé si fue el árbol que sembré en la pared-mural lo que provocó el derrumbe del inmueble, que ya se encontraba sostenido apenas por un suspiro, el hecho es que el edificio empezó a pandearse y a abatirse a trozos con nosotras dentro. Nos dio tiempo de correr hacia las escaleras. Una vez en la calle, el estruendo del desplome a espaldas nuestras nos dejó sin aliento. Lo único que se mantuvo en pie fue la pared, y el árbol entroncado en el *tokonoma*.

Después vinieron dos años que me parecieron una eternidad, sobreviviendo en el albergue de la calle Montserrate y, otros dos en los que dormí en la platea del cine Actualidades. Cuatro años bastaron para que me desviara hacia la escritura, de una manera que creí definitiva. Hasta que apareció Ramón Unzueta en mi vida, adolescente despeinado, con su sonrisa exuberante, ya desde entonces pintaba en mi alma, y me enseñaba a pintar en la suya, con las yemas de los dedos hasta desangrarse la vista.

Lecturas, visitas al Museo de Bellas Artes de la mano de mi abuela. Otra vez Ramón Unzueta, que dibujaba toda clase de personajes inspirados por la vida y por el séptimo arte, ese es mi mundo iniciático autodidáctico, cercano a las artes plásticas.

Mi amistad y compromiso posterior con los pintores de todas las épocas y por los de la Generación de los años 80 en Cuba y fuera de Cuba me devolvieron el gusto por el pincel y el lienzo, además de la crítica artística.

Un buen día, de esos días pesarosos del exilio, retomé los creyones y el pincel. Sin embargo, nunca había dejado de dibujar: *storyboards* para escaletas y guiones de cine de mi autoría, y con la intención de perfilar los caracteres de algunos personajes de mis novelas.

La pintura siempre ha estado presente en mi escritura —y a la inversa— a través de sus principales temas, mediante la obra de los pintores que he estudiado con amor meticuloso, de los museos, de mis viajes… La escritura es mi vida, la pintura ha significado en más de una ocasión mi salvación.

UN TESORO

Antes de salir de la Ínsula de Cagonia, tras largos años de ansiosa espera, Gloria, mi madre, me preguntó qué debía hacer con las fotos y con mis cuadernos y diarios de adolescente. «Bótalos al mar, o quémalos», le dije, pues para mí lo más importante era que ella soltara lastre y pudiera volar hacia nosotros.

Al morir en agosto del 2001, en París, me quedé inerte frente a sus humildes pertenencias, entre las que se encontraba aquella vieja maleta de hule que trajo de la Ínsula de Cagonia, cerrada herméticamente con sus secretos dentro. No me atreví a husmear entonces, el dolor frente a su muerte me lo impedía.

Transcurrieron 16 años y sólo hace unos días me propuse que debía llenarme de valor. Lo hice.

En el interior, perdido ya su aroma, hallé jabas de *nilon* con viejas fotos, y mis numerosos diarios y cuadernos repletos de proyectos de novelas y poemas de la época en la que escribía afiebrada noches y madrugadas enteras atormentada por la suposición de que moriría joven.

En una ocasión, en París, por mera curiosidad, le pregunté a mami qué había hecho por fin con las fotos y con los cuadernos y diarios. Respondió con un encogimiento de hombros seguido de: «Nada, no hice nada de lo que me aconsejaste que hiciera», y cambió el tema de conversación.

¡Lo que vale una madre cubana! Un Potosí. Sin ella nada de eso se habría salvado. Esa fue la valiosa herencia que me dejó la mujer más sencilla que he conocido: la constatación ‹post mortem› de su amor por mí y la prueba de que yo probablemente fui lo más importante que ella tuvo. Y de todo eso que ella salvó, nada vale tanto como el gesto de haber querido amparar lo que ella creía que valía mucho porque venía de mí.

Las fotos que he ido publicando en mi perfil de Facebook son algunas de las que aparecieron entre lo que ella sospechaba que significaba un tesoro; cuando en verdad el gran tesoro para mí lo era ella.

UN PENSAMIENTO
PARA CARPENTIER

¿Quién le iba a decir al suizo Alejo Carpentier, que *La ciudad de las columnas* se iría a convertir durante el castrismo en *La ciudad de las calumnias*? A lo que él contribuyó ampliamente.

Bah. Foquépete.

PINGÚOS

¿A cuántos inocentes asesinaron los terroristas que gobiernan Cuba desde hace más de 58 años? No me refiero solamente a los Castro, me refiero a sus secuaces, y a todos los que tuvieron que ver con el terrorismo en Cuba y fuera de Cuba, de manera directa o indirecta. El número de muertos es infinito. Nadie ha podido calcularlo todavía. En Cuba, en América Latina, en Angola, hasta en Europa y en Estados Unidos. Allá donde metieron sus garras hubo muertes y más muertes.

Entonces no me vengan otra vez con lo de que si Luis Posada Carriles es un terrorista, que es lo que intentaron meternos a pulso en el moroco, y en algunas ocasiones hasta lo consiguieron. No, otra vez no con que si los luchadores por la libertad de Cuba que tomaron las armas fueron y son mercenarios y la misma candanga de siempre.

Voy a definir de una vez y por todas lo que son Posada Carriles y los hombres y mujeres que tomaron las armas para defender a su país: Unos patriotas. Héroes. Y en mi jerga barriobajera: unos pingúos.

¿Que Posada Carriles tuvo en sus planes matar en Castro? ¿Y? Una grandísima pena que no lo haya logrado. No saben la cantidad de veces que yo también soñé con matarlo, y a RauletaFraudeLight, a punzonaso limpio. Lo del avión de Barbados quedó en la duda de si no fueron ellos mismos quienes lo tumbaron.

Sí, a punzonaso limpio, fuiquiti, fuiquiti, fuiquiti, y ya. Recuerden la parodia de la canción infantil: «Niñito cubano, qué piensas hacer, coger un cuchillo y matar a Fidel».

Pues eso. Unos pingúos. Mi eterna reverencia hacia ellos. Es más, si no fuera porque está muy mayor propondría a Posada Carriles para presidente de Cuba. ¿Qué de qué? Si el narco-guerrillero terrorista Timochenko mató a una cantidad bárbara de inocentes y la misma ONU está defendiendo a capa y espada su candidatura para la presidencia de Colombia.

Eso: Pingúos.

LA VERSIÓN DEL LOBO

Hará unos días Caperucita se puso a bembetear, y acusaba al Lobo de lo siguiente: Caperucita afirmaba que el Lobo la toqueteó por *toslaos*, que sodomizó a la abuela y sonsacó al cazador hasta obligarlo a hacerle una felación.

Pero hoy, en cambio, he sostenido una conversación telefónica con el Lobo, que me ha dado una versión muy distinta de los hechos. Según el Lobo:

«Yo andaba dando una vuelta por el bosque, intentando echarme un boca'o de cualquier berracá, un vena'o, un jabalí, lo que consiguiera (la cosa por el bosque está muy mala), y de pronto se me apareció esta chiquita vestía de colora'o, cual vena'o p'a chocolate, llevaba una cesta repleta de tamales para su abuelita enferma —eso anunció—, y me propuso, así, sin más ni más, que si yo la alcanzaba en loca y audaz carrera, ella iría a permitir que yo la viera y hasta la mostrara encuera en los "miedos" de comunicación, envuelta en la bandera cubana, pero que para que eso sucediera tenía yo que invitarla a mi programa de televisión mayamero, y darle mucha publicidad a su encueruzadera.»

»Ni corto ni perezoso, que ya saben lo relamidos que somos los lobos, acepté la propuesta de Caperucita Monroe (ella anda ahora en esa cuerda de que se quiere parecer a Marilyn), figúrense ustedes, hay que hacer patria a lo como sea, y Marilyn la hizo con Kennedy, y con el hermano de Kennedy... Pero claro,

Marilyn era mucha Marilyn y los Kennedy eran los Kennedy, distancia y categoría.»

»Entonces, de súbito, Caperucita se mandó a correr, y yo a seguirla destoletao con la lengua afuera, que como saben cuando uno se pone viejo ya no es igual, por muy baboseador que sea un lobo tan diestro como yo. Pero por esas cosas que tiene la vida, y la suerte de ser un lobo feroz de pedigrí, llegué antes que ella a la casa de la abuelita.»

»La abuelita resultó ser una pionerita con nombre de ventilador ruso, Órbita, que me pidió que me bajara los pantalones, y sin previo aviso me introdujo una pistola entre mis partes pudendas, las de atrás, o sea, directamente en el culete. Y fue ella (no yo) quien me sodomizó, no sin antes comentarme que ahora iba disfrazada de agente de la CIA junto a su marido, el Cazador Drogado: un bugarrón con halitosis, también armado con un revólver, y al que tuve que autorizar a que me hiciera una felación, porque a él lo que le va es eso de chupar morronguetas de lobos. Mientras, el lobo, o sea yo, se tiempla a su abuelita, digo, a la abuelita de Caperucita Monroe.»

»Todo esto mientras ambos me aclaraban que era la CIA quien les había impuesto semejante tarea. O sea, la misma CIA que ubicó a los Castro en el poder, y que sigue teniendo a sus agenticos de izquierda y de derecha diseminados por el mundo, sobre todo por Miami, en la Feria del Libro y en el Granma del Norte.»

»Cuando llegó Caperucita ya la cosa se puso buena, o sea mejor, porque siempre encañonao me vi obligado a darle cabilla a ella, a la Abuela Pionerita y al Cazador Bugarrón peste a boca, por "toslaos", como bien ella misma te contó ayer. Pero yo reitero y subrayo, que aquello sucedió siempre yo encañonao, y obligao.»

»Ah, se me olvidaba, escondido detrás de los arbustos y de rescabuchador estrella andaba éste, cómo es que se llama…

Mira, mejor me callo... La cosa es que me soltaron hecho leña, y más hambriento que antes, porque ni un refrigerio brindan en ese Canal, la Mega se te Pega...»

Me he dado una clase de aburría con esta versión del Lobo, que intentaré, a ver si consigo próximamente, la versión de la Abuela Pionerita y la del Cazador Bugarrón con halitosis. Bah.

VERSIÓN DE ÓRBITA, LA ABUELITA DE CAPERUCITA MONROE

Me costó mucho esfuerzo contactar hoy con Órbita, la abuelita pionerita de Caperucita Monroe (que entre tanto se cambió el nombre por Encuerucita Monroe), pues Órbita —que así se llama la abuelita pionerita, por aquel ventilador soviético que caminaba solo por encima de los muebles y además porque cuando habla no para de mover las aspas, digo, las manos—, andaba muy *enredá* y *complicá* con la venta de sus chancletas metede'os *power* a diez cañas, ya que ese es otro proyectico-inventico que da «baro largo» —dice ella— para pretexto de conseguir la *libertá* de la Ínsula de Cagonia.

El caso es que la abuelita pionerita Órbita se ha puesto a desmentir al Lobo «ferocito», aunque ella es la que se encarga de producirle la descarga esa que tiene en la Caja Tonta que Eructa, y porque a la larga, el Lobo no es más que otro comemocos en manos de Encuerucita Monroe Rojeta, que es la que lo ha ideado y organizado todo; pues ella lo que persigue es tumbar del pedestal al que se le ponga por delante y subirse ella encima, como antes hizo en la FRIUSA.

Y, añadió Órbita, la abuelita pionerita, que el Lobo si toqueteó y bien a Encuerucita Monroe por «toslaos», al igual que la sodomizó a ella, pero que ella también lo sodomizó a él (no con una pistola, sino con una tonfa de policía guantanamero), más veces que él a ella. Y que el Cazador Bugarrón peste a boca y el Lobo se revolcaron *pol* piso en un sesenta y nueve. Y ahí *toel-*

mundo le dio mandarria a *toelmundo*. Así que no venga ahora la Encuerucita Monroe envuelta en la bandera metiendo su versión hipocritona de los hechos, que aquí hay otro personaje que también pudiera brindar su testimonio, que es la Gatica María Ramos, que por suerte andaba chismorroteando por allí (pero ese ya es otro cuento).

Órbita nos precisa y adelanta que también está escribiendo un libro, como todo el mundo, que es ahora la moda, eso de escribir un libro o una cosa parecida, sobre su paso por toda América Latina en un período de dos días, qué digo, en dos horas, hasta llegar por fin a Miami, y de ahí directico de productora a la Caja Tonta que Eructa.

De su marido, el Cazador Drogata Bugarrón con halitosis, prefirió no hablar. Tendrá que ser él quien nos ofrezca su versión de los sucesos; ya que según ella, coincidirá con esta que hemos leído hoy, porque los criterios del cazador son siempre los de ella, sin variarles ni una coma.

No sé si este asunto siga interesándonos, porque de Encuerucita Mojonorroe y de la bandera ya muy pocos se acuerdan. Así que veremos a ver cómo siguen esos instructivos capítulos de la más reciente «telenoverla» de la Ínsula de Cagonia y su maravillosa y aguerrida «diáspora» (que la palabra exilio cayó en desuso y ni se menciona, pues es considerada mala palabra por los eruditos kubanoides). Bof.

PARÉNTESIS CON
NOSTALGIA KUBANOIDE

Ahora dicen que los kubanoides extrañan los productos «bolos» (soviéticos), aquellos vencidos y oxidados que nos mandaba la URSS como migajas, y que los extrañan tanto que hasta varios mercados de Miami venden a ese público nostálgico carne rusa enlatada y aquel apestoso perfume llamado «Moscú Rojo».

Es verdad que lo que se merecen es 200 mil milenios más de tiranía y mientras más patadas por el culo les den, mejor.

Foquépete. Lo que trajo la canoa.

A mí me han llegado a decir, en mi propia cara, que como la Creolina de allá no había ni hay. ¿Pero, qué Creolina? Si allá no había ni agua para bañarse, ¿cómo iba a haber agua para limpiar el piso y mucho menos Creolina?

Pero es que la trepanación del gaznate y la traqueotomía del cerebro que le hizo la Escuela Lenin a los kubanoides fue mucho para un cartucho.

Como diría la filósofa *desdentá*: «¡Espíritu, salte de ese cuerpo que nunca fue tuyo!».

Bof.

RTVE Y CUBA

¿RTVE realizó y mostró algún reportaje sobre la violencia contra las mujeres cubanas por parte de los represores del régimen castrista en el ‹Día de la Violencia de Género›? No, de ninguna manera.

RTVE dedicó su reportaje principal a la gran farsa de las «elecciones presidenciales» en Cuba, llamando como siempre «presidente» a Raúl Castro, y sin cuestionar jamás que los candidatos a los puestos de gobierno son única y exclusivamente agentes de la tiranía.

Por supuesto, tampoco mencionaron a Eduardo Cardet, líder del MCL (mediante votos), elegido tras el asesinato de Oswaldo Payá y Harold Cepero por los Castro y sus secuaces, que lleva un año en prisión (estuvo tres años encarcelado), condenado a tres años, y que dirigió el proyecto *Un cubano, un voto* (2016) inspirado en el Proyecto Varela de Payá.

RTVE, la radio y la televisión española que con relación a Cuba miente, cuando no deforma la información.

A UN AÑO
DE LA MUERTE DE LA BESTIA

I

Un día como hoy, 25 de noviembre del 2016, hace un año, murió la Bestia de Cuba, Fidel Castro Ruz.

La Bestia que más daño hizo en Cuba y uno de los que más daño le ha hecho al mundo murió tranquilamente en su cama. No siento absolutamente ninguna nostalgia ni piedad por este monstruo, convertido tras su deceso en cenicero empotrado.

Eso sí, qué pena que no fue juzgado ni condenado por todos los crímenes que cometió, que fueron numerosos.

En un año Cuba ha sobrevivido malamente a su ausencia, tal como sobrevivió desde 1959, y desde luego, no ha habido absolutamente ningún cambio hacia la democracia y, hacia la libertad, mucho menos.

En lo que a mí respecta, este ha sido el año más feliz de mi vida, otro más en el exilio; por fin he respirado normalmente sin esa presencia oscura, nefasta, y opresiva. Ahora sólo falta que muera el hermano, otra Bestia, la Bestia II, y que también toda su parentela se aleje del poder. Será difícil, aunque no imposible.

Drones, drones, drones.

II

Me llama una periodista de los «miedos» de comunicación franceses, desubicada como siempre con relación a Cuba, y creyendo que fue el 26 de noviembre y no ayer, el 25, que se cumplía un año de la muerte de la Maraca Antillana.

Deseaba entrevistarme acerca del feliz suceso, y le he dado la entrevista más corta que di en toda mi vida.

Ella: ¿Qué es lo mejor que recuerda de Fidel Castro?

Yo: Nada. O sí, recuerdo lo que me pude reír cuando su dentadura postiza bailaba entre las encías, cuando todavía pronunciaba sus últimos y kilométricos e hilarantes discursos. También aquella caída fenomenal en la que se desconchinfló todo y la dentadura fue a dar a varios metros, y el ano se le desintegró en múltiples esquirlas.

Ella, turbada: ¿Y qué es lo peor?

Yo: Todo, absolutamente todo.

Ella, muy pero que muy perturbada: ¿Tendría algo más que añadir?

Yo: Sí, estoy celebrándolo por todo lo alto, con champán Dom Perignon; lo que seguiré haciendo toda mi vida.

Ella: Gracias.

Yo: De nada.

Fin de la entrevista.

Hubiera podido responderle lo siguiente:

—¿Qué es lo mejor que recuerda de Fidel Castro?

—Que se murió.

—¿Qué es lo peor?

—Que estuvo vivo.

ENTRE LA VIDA Y EL ARTE

A Miriam Gómez de Cabrera Infante.

En el camino circunstancial de mi existencia nada estaba escrito ni siquiera previsto para que yo deviniera escritora, y mucho menos escritora publicada dentro, ni fuera de mi país. Por el contrario, en el trazo genealógico de mis antepasados el acontecimiento se veía aflorar semejante a las célebres amapolas amarillas cuyo renacimiento en japonés significa, cuando alcanzan su mayor esplendor en la primavera, que algo extraordinario sucederá sin que se alcance a prevenir, y por supuesto ni siquiera a predecir.

Mi abuelo materno, de origen chino, había pertenecido a un *bourg* cantonés en su Sichuán natal en el que los campesinos alternaban el trabajo agrícola con el teatro, la ópera, y aprendían la escritura en mandarín antiguo de los monjes quienes aun, con la existencia del papel, preferían usar los *papyrus* y la seda para estampar esos dibujos bisílabos que componen desde épocas antiguas la imagen y el significado de un idioma jeroglífico, y con ello se proponían merecer que la escritura también fuera considerada obra de arte en sus tiempos, como en tiempos anteriores lo había sido, y que se convirtiera por el contenido y el continente en imperecedera creación artística, entera y eterna.

Cuando mi abuelo perdió el habla, a la edad de cuarenta años, en Santa Clara, y se mudó más tarde a La Habana, a un cuarto del barrio chino en la calle Zanja, desde aquel momento decidió comunicarse a través de palabras, frases, refranes, garabateados en viejos papeles de cartucho o de cuadernos de bagazo de caña; perseguido por la memoria que se iría diluyendo en pura eternidad del instante. Ahí se inició tal vez el proceso misterioso que me hizo comprender décadas más tardes que yo había heredado de él la manía de escribir en silencio en cuanto trozo de papel encontraba. Amordazada, aunque esparrancada, con un pie en la luna y otro en la tierra. Manía, porque yo escribo por amor y manía.

Durante años pensé sin embargo que mi aventura con la escritura se había iniciado cuando siendo niña en otro cuarto de La Habana Vieja, en un solar de la calle Muralla, empecé a descascarar la pared con la uña hasta conseguir una descomunal figura en forma alada, y a introducir semillas en los huecos húmedos de la mampostería de los que brotaron gajos fortalecidos y floridos; mi madre, al ver tanta ansiedad de creatividad, tanto escozor infatigable ante «esas cosas que esta niña hace que no hay quien la entienda», me entregó unos lápices de colores y me dijo: «Escribe cuanto quieras en la pared, pinta lo que se te ocurra».

Así lo hice, dejándola tranquila, en paz como ella me lo pedía; y hasta que se derrumbó el Solar y nos mudaron a un albergue donde la promiscuidad y la violencia constituían verdaderos retablos vivientes, y no hacían falta paredes para llenarme las pupilas con pintorescas y terroríficas escenas cotidianas.

Sí, durante años esa pared del Solar de la calle Muralla fue mi página en blanco, hasta que la abarroté de trazos, palabrerías y sueños; entonces me entregaron otro muro (antes del derrumbe total), para lo que tuvieron que despegar y correr el chiforrober (palabra de invención cubana que viene de la mezcla anglosajona de «*shelf and drower*») de cedro de la pared (convirtiéndolo en una especie de *chifour rover* trashumante) y que yo pudiera deslizar mi figura esmirriada de niña asmática y flacuchenta y escribiera y dibujara con la mano alzada y suelta, el espíritu más libre que nunca. Siempre pensé que de ahí provenía todo.

Mientras investigaba para la novela *La eternidad del instante*, que es precisamente la historia de mi abuelo Mo Ying, quien se cambió el nombre por Maximiliano Megía, en México, antes de llegar a Cuba, pude comprobar que mi vocación por la escritura, por las artes, venía desde muy lejos, de mis bisabuelos chinos: ella copista de monasterio, él cantante de ópera y agricultor de un *bourg* cantonés.

Sería injusto obviar el otro origen, el de mi abuela materna irlandesa, cuya familia no provenía de ninguna alcurnia artística como en el caso de mi abuelo, sino de la «orilla» dublinense, de los que se situaban cada día en los bordes de los suburbios de la capital irlandesa y pregonaban el tipo y calidad de la carne que vendían mientras amolaban cuchillos con sus regordetas manos, pues eran carniceros. Carniceros que viajaron después a Canarias, y de Canarias a La Habana. Carniceros siguieron siendo, aunque mi tatarabuelo había vivido ya con anterioridad en Cuba, y allí, en una primera estancia había preparado otro destino para mi bisabuelo irlandés: el destino de notario. El carnicero se volvió notario. El chino verdulero devino abogado, venido a menos y acorralado luego cuando la ley la impusieron los injustos. Los padres de ambos se hicieron mambises.

Ambos bisabuelos, el chino y el irlandés, pudieron haberse encontrado en la Guerra de Independencia contra los españoles (donde *no hubo ningún chino desertor; no hubo ningún chino traidor*, como aparece inscrito en el monumento a los chinos en la avenida de Línea en el Vedado), o quizá se cruzaron finalmente. Aunque nunca supe si ocurrió tal como creo que me contaron, o si el hecho de que se encontraran es más bien fruto de mis alucinaciones.

Lo que sí cierto es, que por su cercanía al patriota mambí, chino también, José Bú, amigo y hombre de confianza de Máximo Gómez, mi bisabuelo chino Ni Yin hubiera podido convertirse en un político importante dentro de la historia de Cuba, pero prefirió aislarse, apartarse y volver a embarcarse. El viaje estaba en su destino. Desaparecer era el sentido de su rumbo. Décadas más tarde la hija del carnicero y el hijo del agricultor cantante de ópera se encontraron, se amaron y se casaron. Tuvieron cinco hijos, y siendo todavía los vástagos muy pequeños decidieron separarse. Él dejó de hablar tras una honda depresión amorosa, se quedó cuidando de los niños en la provincia de Santa Clara. Ella emprendió un periplo en carretón junto a una pequeña compañía de teatro de pueblo que culminó en un viaje definitivo en tren hacia La Habana para actuar en el Teatro Martí como actriz en un papel muy de segunda.

De modo que el origen inicial está ahí. Y, si hoy estoy aquí contándoles a ustedes estas peripecias es por culpa de ellos, o mejor, gracias a ellos.

Al nacer, Dios, o sea la poesía, me dio ese don y ese látigo que mencionaba Truman Capote, que no es más que los orígenes en el caso del don; y el uso que les daremos viviendo, asumiéndolos, entendiéndolos, y observando mientras vivimos de cómo el resto de nuestros días se irá esculpiendo en la medida en que sepamos apreciar la humanidad, la cultura, y el arte, en forma de látigo. No importa si nacimos pobres, mucho menos si otros nacieron ricos.

La sensibilidad no se hereda, es verdad, pero la educación y la influencia de los mayores son muy importantes en el desarrollo. También el abandono y la soledad. Yo tuve de todo eso en grandes proporciones.

Nacida en Cuba en el año 1959, lo mejor de mi educación, de mis lecturas, de mi desenvolvimiento intelectual, lo recibí de tres mujeres. Las tres mujeres de mi vida (aunque después fueron cuatro contando a mi hija): mi madre, mi abuela y mi tía. Una, irlandesa, las otras dos, mitad chinas y mitad irlandesas. Mi padre se fugó del hogar, lo recuperé ya de grande. Mi abuelo se consumía solitario en un cuarto de la calle Zanja. A pocos pasos se solazaba con ínfulas de burguesa comunista una pobre señora, mi abuela paterna, de origen canario. En ese medio estrafalario nací y crecí. No le debo más que a ellos lo que soy, por exceso o por defecto.

Mi abuela irlandesa, católica, muy pronto encontró un camino para su expansión espiritual en el espiritismo y la santería; no tardó en mezclar en un ajiaco de los tantos que se cocinaban y consumían en la isla, las nueve olas, los celtas, a los druidas, a Astarté, con los orishas, con la tibieza del río donde Oshún desnuda se da los baños de miel coronada de caracoles y algas, con los diablitos y los güijes taínos, con la furia guerrera de Changó, la pureza de Obbatalá, y la generosidad de la Gran Señora Yalodde, Yemayá, dueña de los mares y océanos.

De su mano nos escurríamos a escondidas mi primo y yo al catecismo, a la misa dominical en la Iglesia de la Merced, y de ahí correteábamos a un toque de bembé en la esquina de Paula y Merced, a pocos metros de la Casa Natal del Apóstol José Martí.

Del bembé, «visitábamos» a Martí, y mi abuela me señalaba admirada esa entrañable escritura martiana, a pluma enchumbada, como mismo mi madre me mostraría más tarde los trazos chinos en español de mi abuelo en los papeles de cartucho.

Luego, abuela y yo subíamos hacia sus parques preferidos, el Parque Zayas, o el de Los Enamorados, donde se encontraba su amado José de la Luz y Caballero esculpido en mármol.

Mientras abuela leía sentada en un banco el libreto de la obra que tenía que representar en la noche en el teatro, yo mataperreaba. De ahí, antes de que cerraran el Museo de Bellas Artes, me conducía a las Salas Cubanas, o a la parte egipcia a observar los retratos de Al-Faiyum, cuyos rostros me han servido tanto para comprender el universo humano que de adulta he podido descubrir en mis diversos viajes alrededor del mundo.

Aprendí a amar el arte viviéndolo, desde muy niña, porque nací en una época en que todavía los adultos le daban importancia a que sus hijos y nietos crecieran imbuidos por el arte, amando el arte, privilegiándolo por encima del resto.

Como la mayoría de los escritores empecé escribiendo un Diario, un diario infantil en un cuaderno escolar, a la edad de once años. En sus páginas describía las impresiones de aquellos cuadros inmensos, de los retablos ribeteados en dorado intenso, contemplados durante horas en la Iglesia de la Merced donde tomé la Primera Comunión, o acerca de los semblantes estampados en las alturas de la Virgen y el Niño en la Iglesia de la Caridad, donde me bautizaron, y del Espíritu Santo, frente a la Placita donde se encontraba el célebre mercado popular, y también describía los rostros sudorosos y los cuerpos sensuales de los danzantes en el toque de tambor, o sobre las figuritas fabricadas a mano de los Elegguás, Ibeyes, y demás orishas, y también de lo que después contemplaba y aprendía en el Museo, que no estaba muy lejos de los espectáculos anteriores, entre lo que podía apreciar: Sorolla, Lam, De Landaluce, Miahle, Collazo...

La vida y la intensa soledad pusieron alas a mis sueños. La lectura, el arte apreciado en las iglesias, en las ceremonias religiosas, en los museos, la educación de los mayores, moldearon mis primeros poemas. Donde no faltaron la pintura, la evocación del color, la melodía vibrátil de la silueta, la presencia embrujadora de grandes artistas, además de las figuras «reales» que me rodeaban, y los ambientes en los que crecí, que aparecen en los poemas dedicados a las mujeres de los años veinte, a mi madre que olía a mandarina, a Nush la musa de Eluard, a Picasso, y a Gnossis, el amante encarnado en un perro.

La vida no vale la pena vivirla sin arte, escribió esa extraordinaria pintora y escritora surrealista que fue Remedios Varo a la que le dediqué una novela titulada *La Cazadora de Astros*. Tal vez por eso siempre he escrito sobre arte de manera directa u oblicua, en referencia, porque mi vida ha estado vinculada a las artes y no concibo la vida de otra manera: la vida debiera ser arte puro, en una alquimia de sensaciones soñadas y experiencias vitales. Desde Lucas Cranach, Leonardo Da Vinci, Paul Gauguin, Vincent Van Gogh, Dora Maar, hasta Ramón Unzueta, entre mis principales «musos» eternos.

En mi primera novela *Sangre Azul* cuento la historia de una joven habanera que ha tenido la desgracia de nacer y crecer en un mundo demasiado real. Ella sólo aspira a la irrealidad, a ser un ser irreal, a que no la miren superficialmente, a que la descubran desde su esencia de mujer perdida. Escribe, pinta, se enamora de un joven artista cuyo nombre es precisamente Gnossis (todavía no ha encarnado en perro, como muy anteriormente mencioné y luego escribí en un poema), o sea: Conocimiento, intuición, presentimiento. Con él encuentra a su mitad. Ambos buscan como Vincent Van Gogh el azul puro, el azul cristalino, que no es más que la verdad en pintura. No encuentran ese azul majestuoso en una isla, otrora luminosa en todos los aspectos; sin embargo, rodeada de azules por todos los costados, esa hermosa isla ha sido opacada por la sinrazón, el odio, la mediocridad y el patetismo. Lo gris.

Attys, el personaje protagónico, cae enferma porque supone que solamente cayendo enferma podrá indagar ese azul que necesita Gnossis para pintar la gran obra. En efecto, ese azul bulle en su sangre. Attys, inspiración de la poeta griega del siglo IV a. n. e, Anyté de Tegea, muere sacrificándose para que su sangre pueda ser utilizada por su amante y éste alcance a realizar el cuadro donde los azules bullentes le ganen a los grises, donde la luz triunfe sobre la penumbra.

Al final, Attys, enmarcada en un más allá metafórico —bruñido por una pátina onírica—, más que religioso, se encuentra con que ha parido a un sinfín de delfines, a los que, para que puedan vivir libres, ha debido contradictoriamente dejar escapar. Son huérfanos rodeados por ese mar tan azul como tan peligroso. En esa otra dimensión de la vida, que es la muerte, Attys adolorida todavía por el parto anterior, pare a otro hijo bajo forma humana esta vez, al que bautiza con el nombre de Arión. Niño sabio, niño poeta, será quien presentirá y descubrirá finalmente que su madre padece una extraña enfermedad, la provocada por el acontecimiento inusual de que por sus venas corre la sangre azul de una tradición perdida, usurpada; la sangre azul al igual que la sangre de las Límulas, esos animales acuáticos de los cuales se supuso una vez que surgió el ser humano.

Pero Arión, el elegido, ya no podrá hacer nada por salvarla. Ambos pernoctarán intempestivamente en un mundo en el que por fin la realidad no es más que una pesadilla distante. Ambos ahora han devenido dos seres irreales. En la distancia, Attys escucha su propia voz tararear en una letanía los versos:

¿Cuál es tu nombre, dulce ahogado?
Lavado en las arenas, las piedras hablarán:
De tus párpados las olas hablarán.

¿Quién pondrá sus labios en los tuyos en acción salvadora?

Bendito suicida, emerges podrido y azul,
amargando a los vivos con tu sonrisa.
Los mortales te quieren, ingenuos,
ellos te quieren a su manera…"

Arión salvado (es un decir), custodiado por delfines, regresa al mundo real.

Sangre Azul fue terminada a los veintitrés años, muchísimos años antes del caso del niño Elián González; el lenguaje de la novela es lírico, hermético, tan hermético que cuando la leo hoy, no se me aclaran diversos secretos que yo misma no pretendía ni siquiera susurrarme al oído en aquella época tan tenebrosa de censuras y autocensuras, con la mejilla pegada a la almohada. Entonces no aspiraba más que a morirme.

Por fin la novela se publicó en Francia, gracias a esos avatares que prueban que en algunas ocasiones el arte se sobre impone a la vida; y también se editó en Cuba, posteriormente, en el año 1993, en el mismo año en que nació mi hija y que comencé una novela muy diferente, una novela real, dura como el caos en el que tuvimos que insertarnos, en el que fui obligada a integrarme pese a la protección de mis familiares. Otra novela como una cicatriz de nacimiento, con una marca letal, contestataria y de catarsis. Una novela de purificación.

En la poética de Aristóteles, catarsis quiere decir *purificación emocional, corporal, mental y espiritual. Mediante la experiencia de la compasión y el miedo (eleos y phobos), los espectadores de la tragedia experimentarían la purificación del alma de esas absurdas pasiones.* En la poética de mi abuela irlandesa, meiga, druida y santera, significaba limpieza de malos espíritus y malas influencias. En la poética de mi abuelo chino consistía en una interpretación del yin y del yan, de hacer coincidir a Lao Tsé con Confucio y de lograr que comulgaran en unidad dual el taoísmo y el confucionismo. Lo que al final, en cualquiera de las versiones de la fobia, evitaba cometer *Hybris, el orgullo desmedido que hace a los mortales creerse superiores a los dioses.*

La nada cotidiana no está contada como una tragedia, es la tragedia misma vivida a diario y escrita *in situ*. Es la realidad narrada a través de lo que comenzó como un largo poema y terminó como una novela con la que quise despojarme del *Hybris* que tanto padecemos los cubanos, el más feo y grave de los defectos, la *causa de todos los infortunios* —siempre según Aristóteles—, el de creernos el ombligo sideral del mundo y del universo. Según Aristóteles, la catarsis es la facultad de la tragedia de redimir (o «purificar») al espectador de sus bajas pasiones.

La única poesía que posee *La nada cotidiana* es la anti-poesía, la carencia de lirismo, el abandono absoluto frente a la más retorcida realidad, el vencimiento ante la misma, o la apariencia de rendimiento, que opera como *boomerang*. Tras el golpe irremediable en el sentido, despertamos renovados del gran letargo.

Sangre Azul consiguió apenas algunas buenas críticas y me granjeó la enemistad y el menosprecio de no pocos escritores del patio, *La nada cotidiana* me cerró las puertas de mi país y me abrió las del mundo. Aunque ya el mundo empezaba a cambiar, a una velocidad que pocos podíamos darnos cuenta de lo que significaría ulteriormente para el arte, para la cultura, para la *polis* y la política, así como para la vida misma.

La relación de *La nada cotidiana* con la visión que yo tengo del arte es verdaderamente muy poca. Las pinceladas pudieran leerse como las de un hiperrealismo convulso, violento, sujeto a la anti-pintura, al anti-arte.

El mismo proceso creativo se apoderó de mí con *Te di la vida entera*, cuyo título original era *El dolor del dólar* (con ese título se publicó en Francia); escrita la mitad también en Cuba, bajo la opresión de la censura y de la autocensura, renuncié a la *imago* y la *vivencia oblicua* lezamianos, a los que había sido tan fiel desde mi primera juventud; desviándome así de la soledad perturbadora aunque fructífera gongorina, distrayéndome de la intensidad pascaliana, para someterme deseosa ante «el choteo» de Jorge Mañach, la pulsión social de Carlos Loveira, el desparpajo burlesco y quevedesco, la musicalidad y resistencia de uno de otro de mis maestros cubanos en el exilio: Guillermo Cabrera Infante, así como ante la armonía del sincretismo histórico de Lydia Cabrera.

Con *La hija del embajador* y *Traficantes de belleza* culmina el período de novelas y cuentos escritos en Cuba, trabajados bajo los designios y con la intención de que la paletada del pintor insistiera y pudiera difuminar y tapar lo sombrío, lo rechinante de lo siniestro.

Mis lecturas fueron desplazándome desde *El ingenioso Hidalgo Don Quijote de La Mancha* hasta *El Decamerón*, *La Divina Comedia*, *Coplas al padre muerto*, Baudelaire, Lautrèmont, Rimbaud, Proust, Aloysius Bertrand, hacia mucha literatura proscripta, y bastante literatura nacional espulgada en su acepción criolla y «expurgada» en su acepción del lunfardo; también lecturas prohibidas europeas y norteamericanas. El cine fue de un inmenso alivio para mí, como una terapia emocional. El cine me colocó en el puesto preciso de espectadora antisocial, justo cuando estuve a punto de lanzarme (sin pensarlo demasiado) en el año 1994, al sitio álgido del protagonista que comete *Hybris*.

Durante nueve años pude dedicarme a pulir mi soledad, a escribir diálogos para el cine, artículos de cine y de arte, también de literatura. Libre no era, de ninguna manera, aunque esos escritos me fueron desembarazando de mi férreo caparazón.

Mi trayectoria como escritora es bastante sencilla: la pintura me condujo a la poesía, la poesía al cine, el cine al cuento, el cuento a la novela. Los orígenes estimularon, incitaron al don, la vida, la historia y el arte empuñaron el látigo.

Querido primer novio, escrita enteramente en el exilio, constituye un fresco de la vida en el campo cubano, un fresco escabroso pintado no sin dolor, aunque intentando siempre que mi apreciación de la poesía no fuera traicionada por la macabra narración de lo acontecido. No se trata especialmente de dibujar, matizándola, la idílica visión del verdor y de las palmas cubanos que invadía la inocente imaginación de una chiquilla de la ciudad cuando súbitamente le imponen abandonar el hogar y partir a ejercer rudos trabajos en lo que ya no es la campiña, pero tampoco la manigua, sino las granjas de trabajo forzado; que además trata de aquellos períodos de escuelas al campo, en donde la brusquedad de la ideología comunista se machihembraba con la aridez de la tierra socavada y empobrecida. Y de la extrema violencia a la que fuimos sojuzgados los adolescentes isleños y con la que debimos pagar nuestros estudios para poder obtener el acceso a la enseñanza universitaria.

Las pupilas de aquella niña de ciudad regresaron, tras su experiencia obligatoria en los campos forzados (contrario a lo que algunos pintan como bucolismo campestre), anegadas en lágrimas, sangre y fango. Esa novela fue más pintada que escrita, cada trazo responde a una rasgadura cruel *fauviste*. Quise reescribir la *Dafnis y Cloe* de Longo, pero no pude hallar, en ese resquicio entre la vida y el arte que se nos entreabre a los escritores en medio del trance de la escritura, el sentido pastoril del romance; no, más bien sólo pude mostrar nuevamente el «luengo» trayecto de varias generaciones apabulladas y destrozadas en el infierno y el horror del totalitarismo.

En el exilio aprendí la libertad, la perfeccioné, aunque todavía me empeño en ello. La memoria, a veces carcomida por el dolor, más que la nostalgia, ha sido mi principal herramienta.

Café nostalgia se titulaba originalmente *Profecía*, hice mal al sucumbir a la moda cambiándole el título, lo reconozco. Llevaba yo años visitando uno de mis más queridos museos en París, el Museo Medieval de Cluny, allí pasaba horas sentada frente a los seis tapices de la *Dama con Unicornio*, tratando de apresarlos, de que penetraran en mi cabeza y de poder algún día estructurar una novela a la altura de aquel tejido minucioso, donde cada hojita, cada florecilla, cada animalillo, entretejido supuestamente en los telares medioevales por las finas manos de una damisela virgen y que poseen una significación cultural e histórica y son considerados hoy entre las indiscutibles maravillas de la trascendencia artística universal.

Mi novela debía poseer la fineza y la consistencia de aquellos tapices. Cada palabra debía ser hilada cuidadosamente, pintada por un pincel preciso, aunque mi virginidad quedara lejana.

Entre tanto seguía escribiendo poesía, empecé también a pintar retraídamente. En la introducción a la pintura me apoyaron mis amigos artistas, Ramón Unzueta principalmente, y mi hermano Gustavo Valdés. Aprendí mucho de la entrega tan ejemplar de Ramón Unzueta al arte al que él le dedicó vida, amor, desazón, paz y muerte. Me dediqué también al ensayo novelado, de corte social y político. Y, volví a entregarme a los temas que me hicieron soñar con la libertad de Cuba, sin abandonar jamás la pintura, el tema de la escultura y de sus protagonistas, como Bernini, Miguel Ángel, Rodin, Camille Claudel, Agustín Cárdenas y Roberto Estopiñán, y a los artistas que me transfirieron toda la belleza de sus mundos individuales.

Por esos caminos y tras la huella de uno de mis más venerados escritores, Manuel Mujica Láinez, el autor de *Bomarzo* y de *Un novelista en el Museo del Prado*, entre otras joyas de la literatura contemporánea argentina, imbuida también por Jorge Luis Borges y Fernando Pessoa, así como por Dulce María Loynaz, quien fue una inolvidable amiga, empecé a escribir *Una novelista en el Museo del Louvre*.

Desde hace veintiocho años soy una ferviente y apasionada visitante de los museos parisinos, pero del Louvre soy una forofa. Cuando mis pasos se pierden por París, buscando quién sabe si el mar o el pavimento de chinas pelonas de la ruinosa Habana Vieja, invariablemente van a parar a los mármoles lustrados del Louvre o al gastado y antiguo *parquet* de madera de la Casa Museo de Gustave Moreau, el pintor que tanto inspiró a Julián del Casal y con quien éste mantuvo una significativa correspondencia; el mismo que aparece en la novela *À rebours* de Joris-Karl Huysmans, y que tuve la suerte de leer editada con el Prefacio de Guillermo Cabrera Infante.

Otros amigos surrealistas, como Jorge Camacho, quien tras conocerlo y después de haber trabajado con él la ilustración de *Los poemas de La Habana*, o de haber disfrutado de la lectura de Joyce Mansour, del reencuentro con la obra de Artemisia Gentileschi, discípula de Michelangelo Buonarroti, Picasso, con Dora Maar, Remedios Varo, Benjamín Peret, las infatigables visitas a varios museos del mundo, la lectura de biógrafos y exégetas. Todo ese mundo, todos ellos como protagonistas, fueron los que me lanzaron a la aventura de esa trilogía que me propuse hace tiempo acerca de tres mujeres, dos de ellas pintoras y escritoras, y fotógrafa y pintora la tercera, surrealistas las tres a mi juicio, con destinos muy diferentes, pero que hicieron de la condición femenina, y feminista sin proponérselo, resistencia, persistencia, acto libertario y escudo: Remedios Varo, Dora Maar, Lydia Cabrera.

Las novelas de las dos primeras están terminadas y editadas. La tercera todavía en ciernes. Suspendida en el caballete y con los primeros trazos y pinceladas esbozados en el lienzo. U horneándose en el paladar de la *imago*, con los ribetes todavía descosidos y los hilos estirados y separados en el telar que espera por las manos que inicien la reapertura del misterio, cual cortinaje teatral.

Cuando empecé a escribir mis primeros poemas, de manera seria, entre los catorce y los diecisiete años, me propuse crear algunos géneros, muy propio de aquellos que pretenciosamente titulan —como yo hice— a su primer poemario *Respuestas para vivir;* en verdad, a los diecisiete años abundan más las preguntas para vivir que las respuestas. Los géneros o estilos (no sabía ni siquiera lo que querían decir), serían una mezcla de formas y contenidos donde se conjugara el erotismo con la ironía, y a eso le llamé «erónicos». Cuando mi Diario íntimo se fue poniendo cada vez más íntimo y provocador lo titulé *Diaeros*, muchísimos años más tarde las páginas de *Diaeros* las llevé a la pintura, los cuadros fueron mostrados en la galería de otro artista cubano, Agustín Gaínza, en Miami. A los sonetos cojos les llamé «sonetos infieles» como a los haikús en su forma menos breves les llamé también «cojos infieles» y «japonismos», también llevados a la pintura y mostrados en Unzueta Gallery, por la gracia de Enaida Unzueta.

La ironía logré esparcirla y espaciarla lo suficiente en la novela de aventuras *Lobas de mar* donde por fin pude leer lo que hace tanto tiempo buscaba y no hallaba más que en literatura histórica, la historia de dos bravas mujeres, de dos corajudas piratas: Anne Bonny y Mary Read. Amé durante toda mi adolescencia las novelas de aventuras, las de piratas eran mis predilectas, sobre todo las de Emilio Salgari.

Como una novela de aventuras tenebrosas, porque la historia resulta a veces una patética ironía en la que las vidas justas son mal traducidas, peor interpretadas, y sacudidas por la injusticia desencadenada por la realidad más abrupta y chata, revestidas por máscaras apuntaladas con hipocresía y mentiras a las que todavía algunos llama «revolución», es que he enfrentado la novela de Batista, la novela de *El Hombre*, la novela de ese eslabón de la historia de Cuba que el cubano decidió romper y lanzarlo al olvido, y que hasta que no lo recuperemos, por lo menos parcialmente, y no nos reconciliemos con ese fragmento de nuestra historia, no podremos iniciar el auténtico trecho hacia la reconciliación verdadera, donde existan a través de tribunales juicios y condenas merecidas los reconocimientos a cada uno de los sufrimientos y sacrificios padecidos por los cubanos por más de medio siglo. La historia mal contada por los simuladores no podrá seguir siendo la privilegiada. Es el turno, llegó la hora de los que en apariencia fueron perdedores y tras el paso del tiempo, más de medio siglo, han devenido por fin triunfadores, muy a pesar de ellos mismos.

A la novela erótica recién finalizada después de que, como en el poema de Dulce María Loynaz, por fin ya soy *una mujer estéril*, la titulé *La Salvaje Inocencia*, un título extraído de *La mujer que llora*, mi novela sobre Dora Maar, editada por Planeta.

La Salvaje Inocencia perfila y se regodea una vez más en pasajes eróticos revividos de mi época de adolescente y en mi amor infinito por el mar. *Otra vez el mar* —cito oblicuamente a Reinaldo Arenas— aunque tiene poco que ver otra vez con la letanía que en la que se irá convirtiendo la vida, porque de aquella *Sangre Azul* a *La Salvaje Inocencia* va un trecho. Y aunque ya no soy la misma mujer, ni Attys la protagonista de *Sangre Azul* podría parecerse ni siquiera remotamente a Desirée Fe, la protagonista de *La Salvaje Inocencia*, sigo nutriendo y siendo, pese a la distancia reorganizada en retahíla, la misma escritora, la misma mujer. A la que le han pedido presentarse a través de su obra en un montón de oportunidades, y siempre lo he hecho con más timidez que soberbia, con un burujón de dudas, tal vez muchas más que de certezas; con el deseo de llegar a la mayor cantidad posible de estudiantes y de jóvenes lectores con pocos recursos, en los que creo más que nada porque he sido como ellos. A los que admiro por su tenacidad e interés por las humanidades, porque ellos son la cantera de un futuro donde todavía podremos apostar por la poesía que salvará al mundo de la mediocridad y del horror.

Por último, para sellar esta insólita, y tal vez abrumadora confesión, les hablo con el convencimiento de que *la vida no vale la pena vivirla sin arte*, pero mucho menos sin libertad. La libertad la hallé invariablemente en la poesía, a ella me dedico ahora, a través de indóciles versos y de mi perenne rebeldía de extranjera en todas partes.

ELECCIONES EN CUBA, 2017

Para los que votaron, ¿cambió algo? Creo entender que nada.

Para los que no votaron, ¿varió la cosa, trascendió el «no voto» hacia alguna peripecia útil? No, nada, tampoco nada.

Para los que dejaron la boleta en blanco o escribieron «plebiscito» en la boleta. ¿Sucedió el extraordinario acontecimiento de que hayan tumbado a la tiranía? Menos que menos.

Entonces, lo dicho: Drones, drones, drones.

Y devuelvan el dinero. Los que cobran. Que ya son unos cuantos con el mismo cuento de La Buena Pipa y metiéndose el billetaje a costa de la causa cubana.

Puaf. Bof.

RIGONDEAUX VERSUS GIRAUDEAUX

Pregunta de un sujeto desde Miami:

—¿Viste la pelea de Rigondeaux?

Respuesta mía:

—No. Estaba leyendo a Giraudeaux.

Espeso silencio que se podía cortar con una tijera de jardinero.

ÑINGABEL, ÑINGABEL
(CANCIÓN CAGONIA DE NAVIDAD)

Oye, túestatuniña, que cuando se van acercando las Navidades, los cagonios de la Ínsula de Cagonia enseguida se vuelven más patriotas que nunca y que nadie; empiezan a pedir más recargas y recompras con la intención, cómo que no, aseguran ellos, de tumbar Aquellabasureta en un santiamén.

Tedigoatí. Pero ya a mí no me duerme ni Maceo si se me para ahora mismo delante con unas chancleticas cocalecas, doradas muy monas ellas, y el machete en ristre.

Hay que reconocer que también hay gente con dignidad, uno o dos.

Lo que trajo la guayabera empercudía y polvorienta.

¡Ñingabel, ñíngabel... con sus notas de alegría va cantando él!

Final del formulario

VIDA DE LAS IDEAS

Que la izquierda mire de manera rara y hasta despectiva a los que se consideran de derecha e inclusive a los que ellos definen como de derechas —sin que lo sean— por sus opiniones, no debiera importarnos demasiado.

Pero donde se complica el asunto es que, teniendo casi siempre las riendas de la cultura y de la sociedad en general, en sus manos, la izquierda ejerce, no sólo sobre la derecha, sino además sobre todo aquel que no piense igual que ella, un dominio anormal y excesivo rayano en la tiranía.

La dictadura de la izquierda debe cesar de inmediato. No sólo la economía mundial se ha empobrecido debido a sus erráticas acciones, además han sembrado el terror, han paralizado y penalizado el pensamiento induciéndolo hacia una sola dirección, la de sus propios intereses (que la mayoría de las veces tiene que ver con la corrupción y la manipulación indecentes disfrazados de moralismo ideológico). La libertad de la prensa, que tanto ellos pretenden defender, han ido aniquilándola al imponer estrictos parámetros de análisis, si es que a eso se le podría llamar análisis. El «achantamiento» de iniciativa y de investigación de los medios de comunicación, a los que yo llamo «miedos» de comunicación, da grima, por no decir pavor.

Esa izquierda mató las ideas para implantar una ideología afín a ella, en múltiples casos mantenida, sostenida e impulsada por la alta tecnología.

No hay peligro mayor en la actualidad, aparte la amenaza real e inminente de los atentados terroristas islamistas que suceden casi a diario —cual ruleta rusa—, lo que considero una guerra cotidiana, que una ideología extremista adueñada y poseedora absoluta de la tecnología. Es exactamente lo que buscaron Adolf Hitler y Joseph Stalin, el segundo siendo más criminal de los dos —si alguna comparación cabe a los que tanto agrada comparar—.

Es esa sin duda la razón por la que la tiranía de los Castro ha invertido aproximadamente desde el 2007 toda su energía y una enorme cantidad de recursos para perfeccionar la alta tecnología de manera muy eficaz y para hacerla sumamente efectiva en el control masivo de los ciudadanos y de todo aquel que visite la isla. Esto es ciertamente un pálido reflejo de lo que ha venido siendo un hecho certero, desde hace casi treinta años en el resto del mundo.

Desde que Margaret Thatcher y Ronald Reagan (entre otros pocos) desaparecieron del poder, el mundo entregó su cerebro a los idiotas que consiguieron inventar que unas máquinas por fin pensaran en su lugar. ¿A quiénes se le podía haber ocurrido semejante berracada? Pues a los imbéciles de corto pensamiento, odiosos y envidiosos de aquellos que han sabido mover el mundo a través de ideas humanistas y no de ideologías ni de modas tecnológicas.

Ellos reconocen incluso que su ideología «tecnológica» compite y gana, matando por fin las grandes ideas. Aunque como los ignorantes que son, desconocen que las grandes ideas no sólo son las que han movido invariablemente la grandeza del alma humana, además han constituido la mayor riqueza de la humanidad, su pensamiento ha confirmado nuestra existencia como una especie sin igual, sólo superada por la indiscutible majestuosidad de los delfines y el misterio de los felinos, lo que ya sabían ampliamente los griegos y los egipcios; repasen, por favor, sus símbolos, el de los delfines en los griegos (Delfos), y el de los gatos en los egipcios (que también adoraban a los delfines). Háganlo, que no les voy a durar toda la vida.

> No se ha creado jamás algo más divino que el delfín. Y es que, hace mucho tiempo, los delfines eran hombres y vivían en las ciudades al lado de los mortales. Han cambiado la tierra por el mar y adoptado la forma de los peces. Pero, todavía hoy, sus virtuosos espíritus de hombres preservan en ellos los pensamientos y las acciones humanas.
>
> OPIANO DE ANAZARBO, *Haliéuticas*,
> finales del Siglo II d.

Por otra parte, el gato estaba considerado como animal sagrado en el Antiguo Egipto. Íntimamente asociados al concepto de divinidad, *los egipcios creían que en su cuerpo anidaba el alma de Bastet,* diosa representada con cuerpo de mujer y cabeza de gato.

Volviendo a lo nuestro, lógico fue entonces que intentaran adormilar valiosos cerebros y lo pusieran en función —a medias, sólo a medias— de concretar y despertar otras «neuronas», las artificiales. El objetivo era y es, todavía no lo han conseguido, el de acabar con esa grandeza precisa que tanto envidian, exterminar la generosidad de la sabiduría, derrotar el valor y el coraje individual del conocimiento. Y a hacer puñetas con la excepcionalidad y la sensibilidad particulares y privadas.

Ojito al dato, que alguien piense como yo y lo manifieste verbalmente o por escrito, según la izquierda nos sitúa ya enfrente y en contra, definiéndonos de inmediato de derechas, o sea, de lo peor de lo peor; como si no fuera la propia izquierda lo más ínfimo y mediocre que le ha podido acarrear a la humanidad con sus continuos y obsesivos métodos sectarios y hasta genocidas.

Si pensar bien y pensar por todo lo alto, situados perennemente en la duda de todo, nos ubica a algunos en la derecha —símbolo de apestados en esta sociedad totalitaria en la que han convertido al mundo— pues entonces, con mucho orgullo aceptemos y asumamos que somos de derechas, pese a que en mi modo personal tampoco voy regalándole mis ideas a esa nueva derecha *rikikí, fuñida* y acomplejada.

Lo he sostenido y reafirmado mil veces: soy una mujer libre, un ser humano libre, pero puesto que comentan que soy de derechas, y los que lo dicen pertenecen, con o sin carnet de militantes o militontos, a esa izquierda zarrapastrosa que nos prohíbe la entrada y participación a una feria del libro o el acceso a un programa televisivo por mero temor a nuestras ideas (por sólo citar dos casos), pues entonces seamos de derechas con toda la fanfarria y la estridencia que más pueda dañar la hipócrita conducta —que no es sensibilidad para nada— de esa antigualla pretenciosa, inútil y carcamal, que se llama izquierda.

Resistiendo, entre populacheros y tecnócratas. Y a la espera de que el PCCH nos haga la putada del siglo.

UN SINIESTRO REMENEO

Es hora de que alguien lo diga. ¿Todos los venezolanos bailan así, tan requetemal, como bailan *Maburro* y *Cilicia*, su mujer? Es un pallá y pacá y un reguero con los cuatro pies zurdos que da repelú. La cuadratura de cintura de ambos supera a la de Castro I, que es mucho decir.

Para colmo, no se cansan de colgar esos vídeos espantosos en las redes sociales, y más patones no pueden ser. Dan vértigo.

Un amigo me aclara, cuando se lo comento, que así se baila en Sudamérica. Por favor, no estoy de acuerdo. Hasta los argentinos —que ya no sé si siguen bailando tango tras el paso de los Kirchner por el poder— bailan seguramente mejor que esa mamarrachada.

Francamente, yo nunca vi en el pasado que los venezolanos bailaran con tanta inquina y alevosía como advierto que bailan ahora estos dos. Pero también es verdad, todo sea dicho, que observen ustedes en lo que convirtieron los Castro a la gran música cubana, puro estruendo. No hay uno que se salve dentro de la Ínsula de Cagonia. Bof.

LO QUE HAY QUE AGUANTAR

Todas hembras, en plena adolescencia, nos daban el de «pie de» madrugada, a las 5, alrededor de las 7 y 30 de la mañana; después del magro desayuno y de la muela política de los matutinos nos ordenaban montar en una vieja carreta húmeda y destartalada.

Aquello sucedió en San Juan y Martínez, en una de las escuelas al campo obligadas. La carreta precedente a la nuestra se volcó y una rueda casi cortó por la mitad, a la altura de la cintura, a una muchacha. Días entre la vida y la muerte, hasta que murió. Ni una mención hicieron en el matutino. Todo era esconder el triste (para nosotras) suceso.

Escribí acerca de esto y de más en una novela sobre la escuela al campo, titulada *Querido primer novio*, editada por Planeta y traducida a varios idiomas. Tras el grácil título se esconde el horror.

Pero entonces ahora viene la bloguera Yoani Sánchez a contarnos eso de que las escuelas al campo eran como máximo un ir a gozar y a realizarse mediante el sexo.

Qué podemos esperar de la principal ficha preparada por Castro II y Obama del Cambio-fraude, anunciado y alertado por el mártir cubano Oswaldo Payá Sardiñas. ¿Qué coño podríamos esperar?

BUSCANDO EL SOL

Estuve paseando por lo que queda de Little Italy, luego por el Chinatown de París. Al rato me fui a un jardín, caminé, tomé un poco de sol. Sí, por fin hizo algo de sol.

Regresé a casa, y sentí unos deseos irrefrenables de leer a José Martí. Volví a casa, a leer sus «textos franceses», como yo los llamo. De súbito me entró una pena muy profunda, una tristeza inextricable. Abandoné el libro.

Busqué una de esas películas que he visto tanto de Buster Keaton, a ver si volvía a reírme. Y sí, volví a reír.

Dos genios indestructibles, Martí y Keaton. Uno para llorar, y el otro para reír.

MAMÁ Y EL LACÓN DE NAVIDAD

En aquel entonces ya empezaba a escasear severamente la comida en Cuba —aunque desde que tengo uso de razón no recuerdo que hayamos vivido bonanza alguna con relación a los alimentos, más bien todo lo contrario—; mami lo sufría como nadie. No sólo era de buen comer, además le gustaba ver comer bien a los demás. Pasaba sus horas libres forrajeando la comida a su cuenta y riesgo en el mercado negro, en La Habana y fuera de La Habana. El tiempo que invertía en eso la sacaba de quicio, la ponía muy mal de los nervios.

Se acercaba la Navidad, iría a ser la Navidad de mis siete años, el año en que se acaba la niñez en Cuba, pues se termina el derecho a consumir leche de vaca adquirida por la libreta de racionamiento. Era también la edad en la que te anudaban al cuello la pañoleta de pionero comunista. Mi madre se halaba los pelos con todas estas novedades de los castristas, pero como buena madre y mejor mujer, intentaba obviar lo obvio y solucionarlo. Se dijo que lo más inminente era buscar qué comer para el día de Nochebuena.

Mami trabajaba de camarera en el restaurante «El Baturro», situado en las calles Egido entre Merced y Jesús María. Cumplía con el turno de la cena, hasta bien tarde en la noche, y como era la única mujer debía quedarse a hacer también la limpieza del restaurante, baños incluidos, hasta las dos de la madrugada, hora en la que ella y el administrador cerraban el negocio que pertenecía, como todo, al Estado.

El administrador (antiguo dueño convertido en empleado con un salario fijo mínimo) se quedaba, no por acompañarla y mucho menos por ayudarla, sino porque debía registrar de arriba a abajo a cada empleado que terminara el turno de trabajo, debido a que los robos habían aumentado. «El Baturro» se especializaba en comida española y era uno de los pocos lugares que ofrecía todavía lacones, jamón de pierna, y vinos decentes.

—Mañana, a eso de las doce de la noche, pasarán tú y la niña por la parte de atrás, por la puerta de la cocina. Esperen alejadas, claro. Aquello está siempre oscuro, la han cogido con robarse los bombillos. Saldré con un saco de basura, dentro habrá un bulto envuelto en un nailon amarrado con una media fina, echaré el saco en el latón de basura. Tú mandas a la niña a que saque de la basura el paquete envuelto en el nailon. Tiene que ser rápido, no vaya a suceder que pase alguien y las agarren, o lo peor, que aparezca el camión de la basura y se lleve el contenido. Si las sorprenden tú dices que fue cosa de la niña, que a ella no se la llevarán presa, pero a ti sí, recuérdalo —mami explicaba con lujo de detalles a abuela, que la atendía horrorizada.

—¿Qué estás tramando? Mira que eso se llama robo, y la niña tiene que confesarse para hacer su primera comunión... —espetó abuela, tan justa en los momentos más inconvenientes, y yo tan oportuna con mi primera comunión, precisamente en el momento en que tendría que dejar atrás la inocencia infantil para devenir una heroica pionera comunista, de forma obligada; aunque aquel acontecimiento también estaba en duda, o sea en veremos, porque si se enteraban de que era católica y que asistía a misa y que para colmo me preparaba para mi primera comunión, tampoco tendría derecho a la pañoleta que todos lucían tan orgullosos por aquella época.

—No es robo, es necesidad. Dios que es muy grande lo sabe, no nos castigará por eso —puntualizó mi madre.

Recuerdo el viaje medio en penumbras desde la calle Muralla hasta Egido, de la mano temblorosa y sudorosa de mi abuela. Esa noche habíamos cenado tajada de aire y fritura de viento, las tripas no paraban de sonar en medio del silencio nocturno.

Llegamos al lugar, esperamos en la acera de enfrente cobijadas en un zaguán. Vimos a mami salir con el saco de la basura y tirarlo en un latón bastante alto; miró hacia todos lados y cuando reparó en nuestra presencia sonrió, o yo creí que sonreía. No bien entró, yo me escurrí medio agachada como un bólido hacia el latón, sólo que me quedaba muy alto, y tuve que dar un salto ayudada con ambas manos y doblarme por la cintura para escarbar en el basurero. Por fin encontré el paquete de basura lanzado por mi madre, después de mucho trastear, lo abrí, extraje el bulto envuelto en el nailon amarrado con una media de mujer (tal como ella había indicado) y logré saltar hacia atrás con el paquete en la mano, que era bastante pesado. Con él corrí hacia mi abuela, nos largamos de allí a toda prisa. Al llegar a la esquina advertimos el camión de la basura que se detenía frente a cada puerta para recoger los detritos del vecindario.

Una vez en el cuarto de Muralla 160, abuela abrió ansiosa el fardo. Dentro había un pernil de puerco. Inmenso, me pareció. Cuando mami regresó yo ya dormía, pero me despertaron sus cuchicheos con abuela. A esa hora se pusieron a trozar el pernil para llevarle un pedazo a mi tía Nélida, otro pedazo a mi otra tía de Cojímar, y repartir entre el resto de la familia, además de revender por el barrio.

No podía entender todavía la contentura de ambas mientras trozaban el pernil con unos cuchillos sin filo. Era la misma alegría que sentiría yo, décadas más tarde, cuando nació mi hija, y mami, ya anciana, se aparecía en la casa con unas malangas *fuñías* que había podido conseguir en sus forrajeos habituales por el campo cubano.

Durante unos meses pudimos comer bien gracias a esos hurtos de mami, en combinación con mi abuela y conmigo, hasta que el administrador echó en falta algún que otro pernil y sospechoso de todos en general pidió que trasladaran al personal hacia distintos restaurantes dispersos por La Habana y que le reenviaran a él trabajadores nuevos.

A mami le tocó un poco más lejos, en Rancho Luna, en el Vedado. Lo que resultó muy enriquecedor para nuestro paladar, porque por fin empezamos a degustar suculentos trozos de pollo, de vez en cuando, aunque también echábamos en falta el puerco. Pero, de cómo mami podía hacerse de esos trozos de pollo sin que lo notaran, es otra historia...

RELECTURA

La hora que es, de madrugada, casi el amanecer, y yo releyendo todavía a Leszek Kolarowski, y sus *Ensayos sobre la vida cotidiana*.

Usé este fragmento como uno de los exergos de *El todo cotidiano*, segunda parte de *La nada cotidiana*:

> Sólo tenemos que pensar un poco en cómo las cosas aparentemente más sencillas y los acontecimientos de nuestra vida cotidiana pueden despertar una sensación de misterio insondable: el tiempo, la libertad, la existencia, el espacio, la causa, la consciencia, la materia, el número, el amor, el «Yo», la muerte. Pero... el misterio inherente a lo cotidiano puede escapársenos por completo.

Ay, si no fuera por el apego a esos misterios apenas inasibles... Tan ordinarios en su esencia; el peor de todos, el amor, el más insustancial.

LA LISTA WEINSTEIN

La lista Harvey Weinstein sigue aumentando, va por más de 50 actrices que lo acusan de acoso sexual y violaciones, y de destruirle las carreras a aquellas que no aceptaron que las toqueteara y que impidieron que las violara (lo que al parecer se podía hacer). Y no es el único.

Sí, tal como es, la lista Harvey está siendo tan o más contundente que la famosa lista de Joseph McCarthy y su maccarthysmo. Pero de la primera todavía no se sabe lo suficiente, y aún muy pocos condenan el escándalo como se debiera, a mi juicio intentando ocultar la dimensión, todo lo opuesto a lo sucedido con el maccarthysmo.

Al parecer, y es de destacar, que algunos de los protagonistas no han salido a la palestra del todo, como es el caso de Woody Allen, al que su propio hijo, Ronan Farrow, lo acusa de pedofilia, y a través del cual se ha descubierto todo este chanchullo de Weinstein (productor también de Allen), y compañía…

No deben perderse la cartica de Salma Hayek en el New York Times contando su historia personal con Weinstein, da dentera. Que si tuvo que crear una escena lésbica en su película *Frida*, con Ashley Judd (otra de las actrices que lo condena), tras las exigencias de Weinstein, que si p'aquí que si p'allá… Toda una cantilena lloricona para al final condenar más a Trump que a Weinstein. Qué clase de tiparraca.

Veremos a ver a dónde nos conducirá todo este sospechoso embrollo. Foquépete. Bah.

EL CHE EN LA CANILLA DE UN CHEO

La reacción verborreica del personaje del tatuaje del Che en la canilla es proporcionalmente idéntica a la miserable reacción del aChesino de La Cabaña cuando encontró un libro de Virgilio Piñera, «este maricón» —según el *Guerrillero Heroico*— en un estante del despacho de un diplomático cubano, por allá por los años sesenta. Anécdota, por demás, muy difundida en Cuba de manera clandestina. Aunque —como supondrán— la constante agresión de los «cagonios» forma parte del lamentable espectáculo, porque, puedo entenderlo, la ignorancia acalambra el seso y saca y exacerba al salvaje, cuando no da dentera.

Curioso que se tatuara al Che y no a Martí, porque con José Martí al menos podía estar seguro de varias evidencias: Era cubano y entregó su vida por la libertad de su país, Cuba; iba en aquel caballo blanco con su frente alta y límpida, enfundado su cuerpo endeble en la gastada pero impecable levita negra. Elegante, aunque pobre, y aguerrido, fue el primer intelectual que le puso el pecho a las balas.

En cuanto al Che QuéTara, pues mire usted, no era más que un argentino criminal ahí del montón, al que cazaron mientras huía, lleno de piojos y envuelto en una costra de churre que la piel se confundía con el color grisáceo y encartonado del uniforme, apestaba a rayo —según Benigno, su compañero de guerrilla, que me lo contó personal y públicamente—, y cayó apendejado, ¡luchando en Bolivia! —como si alguien se lo hubiera pedido— suplicando que no lo mataran, que valía más vivo que muerto.

Eso sí, de cada cual según sus tatuajes, a cada cual según su maledicencia. No sé si fue Groucho o Karl. Da igual. Foquécagazón.

FRÍO, MUCHO FRÍO

Es verdad que hace un frío de «ojones», pero cuando tumbo para la calle, en vuelta de Notre Dame, con mi abrigo punzó de lana virgen, y me tiro así, de un gesto firme, la punta de la bufanda sedosa hacia atrás, es como si estuviera en una película de la *Nouvelle Vague*, y de súbito los perfumes, «Royal Bain» o «Nocturne» de Caron, invaden la noche, cuando no es el aroma avinagrado de las ostras rociadas con Dom Pérignon.

Imagínenme 28 años (ya 30 de exilio) atrás, con un bajaychupa t'os tenemos y en bermudas y kikoplástico, cruzando *aterrillá* el Malecón, las tripas sonándome, la peste a pudrición tras un aguacero y el salitre empegostándome el pelo, y con la niña en brazos; sin saber dónde «inga» conseguir la malanga para el puré.

Nostalgia ni una tranca y cepillo —perdónenme Celia y Boffil—. Frío, mucho frío, todo el frío, aunque se me hiele la totinga como un durofrío de rojo aseptil.

ZOEÑO CON MOÑETA

Anoche soñé con Moñeta (Trump). No fue una pesadilla como las que tenía antaño con la Maruga Antillana, no, fue un sueño bonito. Andábamos caminando por la 5ta Avenida de Nueva York y él me enseñaba algunos monumentos.

Yo le preguntaba, así como quien no se anda por los andamios:

—Dígame una cosa, Moñetica, ¿cuándo le meterá mano a Cagonia?

Me respondió algo taciturno:

—Estoy meditándolo, porque no quiero ponerme al mundo en mi contra ni en contra de Estados Unidos.

—Moñe —a esas alturas del sueño ya nos permitíamos alguna confianza—, pero ¿cuándo le ha importado el mundo a un presidente americano? Y usted, ¿no dijo eso de *América First*?

—Tienes razón, estatúchiquita, tienes razón.

Entonces, de buenas a primeras, sonrió maldito como mismo sonrío yo cuando me zampo un cremoso helado Berthillon en medio de la más estricta de las dietas, extrajo el teléfono de su bolsillo y dio la orden. Y ¡plum! ahí me desperté. Como siempre, en el mejor momento. Qué cagada los sueños.

PAN CON BIJOL

Para aquellos que olvidaron el hambre que pasaron en Cagonia.

¿Se acuerdan del ‹delicioso› pan de boniato (que había que comérselo en el momento porque se ponía negroverdoso y ácido al instante) untado, o espolvoreado, con el alimenticio «bijol», la única especie o condimento que sobrevivió al ñangarismo (comunismo)? Porque llegó un tiempo en que hasta la sal se perdió, o se exilió, sólo quedó el bijol. Entonces empezaron a hacer programas de televisión donde se cantaban las loas y odas al bijol, la mejor arma de combate contra la osteoporosis, y que el bijol era lo máximo, más que la leche de vaca.

Yo padecía de unos estreñimientos rojos, color bijol, que ni les cuento. «Bijol o muerte, nos estreñiremos».

Pan con bijol, el «suculento» legado de los Castro. Bah.

2018

Muy pocos se interesan ya en un texto histórico o literario, ni siquiera en buscar y encontrar en lo divino, en la significación del sagrado número 18, para los hebreos, *jai* o *chai*, «vida» en la Torá, «voluntad» en la Biblia.

Ahora, tanto los Cagonios isleños, como los Cagonios norteños, viven pendientes de la falsa Letra del Año formulada por el oscurantismo oficial.

Hasta Radio y Televisión Martí, mantenida por el contribuyente norteamericano, se gasta un debate cantinflero sobre la primera engañifa puesta en bandeja por la tiranía. Y pasa como algo gloriosamente novedoso.

No hay nada peor que ser bruto e ignorante, o sea Cagonio.

RESPUESTA A UN VIDRIOSO

Que un judío manifieste que exigir la retirada de la exposición del Che Guevara de la Alcaldía de París es censura, a lo que él se opone, es lo más cínico y mezquino que he leído jamás.

¿Qué expresarían él y toda la comunidad hebrea si las autoridades francesas programaran una exposición de fotos nostálgicas del Fûhrer en pleno barrio judío, o de las pinturas mediocres de Hitler, en pleno Marais a pocos pasos del Memorial de la Shoah? ¿Diría lo mismo?

Sólo un periódico tan ignorante, bajo y colaboracionista, como *El Nuevo Granma* puede publicar semejante mariconá. Foquépete. Quéajcotú.

LA EXILIADA SATISFECHA

Para ir a un mercado nuevo que abrieron debo pasar por las arcadas de la Place des Vosges, en la misma que antaño se celebraban los duelos de los caballeros y los abortos clandestinos de las *mademoiselles*, y en donde a Constance Bonacieux, la de *Los Tres Mosqueteros*, le dieron el navajazo. En una de esas arcadas se encuentra además la Casa Museo de Victor Hugo, que es mi catedral personal, y a donde voy en peregrinación casi todas las semanas, como mismo voy al Louvre cada mes.

Hoy fui, subí los crujientes peldaños, la casona se hallaba vacía: los guardianes y yo solamente. Me detuve frente a su diminuta cama, y estuve rezando como en un mantra su poema «El exiliado satisfecho». Léanlo, les hará mucho bien, como a mí.

Lo hice después de recibir un mensaje por el privado otra vez con la reiterativa candanga de que si el exilio está haciendo lo mismo que los Castro. No, claro que no está haciendo lo mismo, respondí al mensaje con toda paciencia y armonía (la que encuentro invariablemente en la casa de Victor Hugo), porque la diferencia estriba en que mientras esos esbirros representan a una tiranía de viejos atrasados, los exiliados representamos la libertad, la democracia, la modernización y el futuro. Vivamos donde vivamos. Y mientras que ellos no pueden vivir atacados por sus rabietas masinguillosas y sus envidias, nosotros somos los *exiliados satisfechos*. Lean el poema, les hará mucho bien.

Claro, me refiero desde luego, como se refería Víctor Hugo, a los verdaderos exiliados, y no a aquellos que todavía tienen la pañoleta de pionero anudándoles la lengua.

DIETA DE LA MANZANA

Empecé hoy la dieta de la manzana. Acabo de ponérsela en la cabeza a mi gata Sócrata Nureyeva Lazarita Milagrosa de Todos los Santos.

Se podrán imaginar que correr por toda la casa detrás de la gata para intentar ponerle una manzana en la cabeza me obligó a hacer ejercicios.

PRÓXIMA PRODUCCIÓN
DE HARVEY WEINSTEIN EN HOLLYWOOD:
«DOCE JUANETES EN PUGNA»

Casting: Meryl Streep en el rol super-protagónico. Oprah Winfrey en el rol protagónico de segunda. Victoria Beckham y Michelle Obama, por primera vez en el cine. Julia Roberts, Salma Hayek, Ashley Judd, Scarlett Johansson, Meghan Markle (la princesita), Madonna, Kristen Stewart, Miley Cyrus, la panadera sexual.

Oscar, de antemano, por su interpretación extremadamente convincente de un juanete en pugna a Meryl Streep.

PREGUNTAS

Me gustaría hacer una o varias preguntas.

¿Qué se hizo de Carlos Saladrigas, aquel que anunciaron como el nuevo Padrino o Sugar Daddy de la libertad de Cagonia fotografiado junto a la «globera» Yoani Sánchez, allá en Cagonia?

¿Qué se hizo de las premoniciones económicas, de muy buen augurio, por cierto, que hiciera el señor Carmelo Mesa-Lago —rescate de joyas aparte— que ocurrirían bajo el mandato de RauletaCastroLight y muy apoyadas por Carlos Alberto Montaner?

¿Qué sucedió en fin con aquellos blogueros-globeros libertarios que tanto apoyo de todo tipo recibieron por parte del exilio —y me incluyo, pues fui de las primeras en jamarme el millo—, con Yoani Sánchez a la cabeza, «la mujer más valiente de Cuba», según OLPL? ¿Dónde anda Claudia Cadelo, otra libertaria escandalosa tan calladita ahora? ¿Y los «Porno para Ricardo», tan corajudos y dispuestos a inmolarse? ¿Y los escritores trascendentales de *Voces de Cuba*, que iban a ser los que cambiarían el panorama literario actual cubano y por supuesto también irían a liberar a Cagonia?

Pero, sobre todo, ¿dónde metieron la vergüenza y el dinero que se embolsillaron mintiéndonos?

De nada.

SOLEDAD CON PILA QUE GOTEA

Tres plomeros desteñidos franceses vinieron a ver la pila que goteaba, todos —por separado, aunque como si hubieran conspirado entre ellos— acordaron en que tenía que echar el baño abajo. Y no por menos de ocho mil euros.

Vino un chileno y dio casi en el clavo: «Eso es cuestión de cambiar la rosquita, pero yo no puedo hacerlo». Honesto.

Entonces llamé a José Manuel, cubano. Llegó al momento, en un santiamén me cambió todo nuevo y me lo dejó al quilo. ¡Y no quería cobrarme! 50 euros. Todavía quedan cubanos buenos y decentes.

POR UNA VACA

Los venezolanos andan escandalizados porque un grupo de ellos apedrearon a una vaca y le cayeron en pandilla para estrangularla y comérsela.

En Cuba, antaño, cuando todavía quedaban vacas, en el tiempo de Ñañáseré, un campesino encontró a su vaca agonizante pues le habían cortado un trozo de un costado y sangraba a chorros. Supuso que los que se atrevieron a tasajearla viva no la mataron de a viaje porque por matar una vaca en aquella época en la que, subrayo, todavía quedaban vacas, podía costar un burujón de años de cárcel.

Pero, recuerden: «los venezolanos no somos como los cubanos»... Etcétera y demás.

NEOFEMINISMO

No hay peor agresión contra la mujer que reducirla indefectiblemente al papel de víctima.

La frivolidad y la carencia absoluta de crítica son consustanciales a todo movimiento oportunista, extremista y reductor.

Cuando en una obra de arte, en lugar de apreciar el desnudo, su deseo, su belleza, e incluso su violencia, sólo ves un mensaje agresivo, o un mensaje, entonces no sólo eres una ignorante, no mereces amor y mucho menos la indulgencia de la inteligencia.

BABELIA O BOBALIA

A Babelia, o Bobalia, (suplemento literario de La Paísa) ha vuelto el informante profesor Ivanovich de la Nuezhka —no hay nada peor que un informante profesor envidioso de un creador—, haciendo lo mejor que le enseñó su revolucionario padre a hacer: Listas.

Lo más relevante de su lista son las ausencias. Entre las que se encuentran Guillermo Cabrera Infante y una servidora. *Comme d'hab*, alguien tenía que decirlo.

EL HAMBRE EN CUBA
Y EN VENEZUELA

Llevo días pensándolo y hasta mal me he sentido y me siento por el tiempo que he tomado en escribirlo, además de que tampoco encontraba las fotos, porque al parecer las han desaparecido de internet. Gracias a mi amiga Isadora Villar, que finalmente la encontró. Aquí les va. Un niño de catorce años que es puro saco de huesos, desnutrido y moribundo, y un recién nacido en las mismas condiciones, y que podemos conjeturar que muy poco vivirá.

Cuando veo imágenes como las que les describí, y de las que seguramente hay cientos y miles más de otros casos, tanto en Venezuela como en Cuba —sobre todo en Cuba donde esas imágenes han sido meticulosamente escamoteadas y no han salido por ninguna de las vías posibles durante 59 (ya más de 61) años—, cualquier tipo de justificación, cualquiera, oigan y lean bien, cualquier justificación resulta tan repulsivamente inhumana como odiosa.

Lo cierto es que estos horrores ocurren en pleno siglo XXI, bajo el régimen castro-comunista de Nicolás Maduro (dejen ya la paja de llamar a eso chavismo), en Venezuela durante el mandato de Hugo Chávez lo que había era un régimen castro-comunista impuesto por los hermanos Castro, y lo que hay ahora es lo mismo bajo el mandato de Nicolás Maduro, y sucede porque eso es lo que impone el castro-comunismo a sus pueblos: hambre, miseria, represión y muerte.

Ponerse a filosofar alrededor de lo que pudo haber sucedido con estos niños me resulta tan espantoso como vomitivo, porque en nuestra época, o sea en el 2018, la inmensa mayoría de los padecimientos tienen solución y remedios médicos y, en el peor de los casos, la dignidad humana, así como la ética, no permite que se llegue a estos extremos de espanto público.

Me niego a aceptarlo y condeno al régimen castro-comunista de Nicolás Maduro una vez más, con el mismo vigor que condeno al castro-comunismo de Raúl Castro, y condené al de su hermano (por fin muerto de una vez, aunque muy cómodo en su cama), y al de toda su parentela y de sus sucesores impuestos.

Pero además condeno a todos los gobiernos e instituciones internacionales que todavía permiten que este tipo de exterminio o genocidio comunista tenga lugar, cómplices y colaboracionistas de este holocausto, y continúen tan indecentemente tranquilos sin hacer absolutamente nada por evitarlo y detenerlo de una maldita vez.

Nota: Sólo había que haber visitado algunos hospitales cubanos en los años 80 y 90 para encontrarse frente a casos muy parecidos e iguales a estos. Entonces estábamos como lo seguimos estando, muy solos.

DIFERENCIA NOTABLE

Una actriz mediocre, aunque comunicadora excelente, lee en un teleprompter un discurso oportunista y mentiroso en una entrega de premios como los Golden Globes, completamente «peoplelizada», aplaudida hasta la histeria fácil y actuada, y al momento la empiezan a promover para presidente de Estados Unidos. Lo que resulta un despropósito absoluto.

Una gran actriz y mujer elegante, culta y discreta, apoyada por 100 voces potentes femeninas de la sociedad francesa, levanta su voz mediante una carta verdadera, moderada, y defensora de los derechos de todos, mujeres y hombres, y entonces crea el debate y la polémica necesarios. A nadie se le ocurre que pudiera ser presidente de Francia. Lo que es una pena y un desperdicio.

NO ME METO

Ayer me dijeron que no me metiera, que «esto es entre venezolanos». Y que en Cuba al menos hay educación y salud garantizadas, y que los venezolanos están agradecidos por la Operación Milagro.

Les recuerdo mínimamente, y por arribita, que mientras los venezolanos se beneficiaban de la Operación Milagro, los cubanos en Cuba no teníamos ni una aspirina para un dolor de cabeza, ni hablar del estado de los hospitales para el pueblo. Y no por culpa de ningún embargo norteamericano.

También les refresco la memoria: numerosos médicos cubanos han sido asesinados en Venezuela, después de haber tenido que abandonar a sus familias en Cuba, siendo remunerados como esclavos.

Porque el petróleo —que le «regaló Venezuela» a los tiranos cubanos, y no al pueblo, vuestros votos mediante— no ha salido gratis, se ha pagado con vidas humanas cubanas. Y una sola vida humana, a mi juicio, vale muchísimo más que cualquier cantidad de toneladas de petróleo.

RELEYENDO
EN LA PUPILA DEL KREMLIN

Como dije recientemente en la entrevista con el poeta Denis Fortún, estoy releyendo a Álvaro Alba y su magnífico libro *En la pupila del Kremlin*. Lo leí hace tiempo y me impactó, y como todo libro que me impacta, al tiempo, lo vuelvo a consultar; de modo que lo he retomado y lo estoy profundizando todavía más.

Es un libro intenso, y se los recomiendo con igual intensidad. Fue plagiado (la idea, misterios mediante), aunque quien lo plagió, prefirió argumentar, cuando no le quedó más remedio, que sí, que lo había repasado, pero... Intentó ningunearlo. El tiro le salió por la culata.

La anécdota que les resumiré me alcanza por tres vías, una de ellas por un invitado. La persona que estaba allí presente, el año 2012, en la librería Universal, de nuestro querido Juan M. Salvat, cuando Leonardo Padura presentó *El hombre que amaba a los perros*, cuyo argumento no es precisamente la lealtad perruna de los escritores del régimen a Fidel Castro, y que me lo contó, me pidió en su momento discreción. Ahora me ha dado libertad para sacarlo a la luz, aunque fue un acto público.

Resulta que allí estaba Leonardo Padura, el miliciano de la UNEAC CUAC CUAC (Reinaldo Arenas le puso así), presentando esa novelita suya, tal como se había anunciado, muy orondo él, y permitió, cosa rara, que se hiciera un panel de preguntas por parte del público.

Una señora muy bien vestida, y mejor arreglada, levantó la mano de manera muy educada y le preguntó:

—¿Usted ha leído *En la pupila del Kremlin*?

La respuesta de Padura Caradura fue la siguiente, y debiera pasar a los anales de la historia del descaro y del embeleque:

—Sí, bueno, pero, figúrese, ejem, eso es una novela de ficción, pero bueno, ejem, ahí no hay nada real, porque además, ejem, ese personaje, Karmen Vega, no existe.

A lo que la dama respondió rotunda:

—Usted está muy equivocado. Karmen Vega existe, está viva. Soy yo.

Cara de póker y fuga inmediata. Díganme ahora si la vida no es la mejor de las novelas.

MASSOUD, Y EL RESTO

Si dejaron solo a Ahmad Shah Massoud, que por años mantuvo una verdadera estrategia militar en Afghanistán contra los talibanes, mucho antes contra la invasión soviética, y el mundo entero lo dejó solapeaʼo, hasta que lo mataron como a un perro, qué podemos esperar que suceda con el resto.

MOTONETAS

Y mami cuando se encabronaba con el bodeguero porque no había llegado el aceite a la bodega me hacía aquellas motonetas *apretás* con alevosía, que les daba mil vueltas a las liguitas de oficina, y estiraba, y estiraba. Estiraba tanto que me ponía el ojo izquierdo en el derecho. Igual a Sartre: un ojo en el ser y otro en la nada.

DE BUENA MEMORIA

Los venezolanos debieran exigir de inmediato la intervención internacional ahora que el mundo se voltea hacia el centro derecha y la derecha.

Cuando vuelva la ultra izquierda comunista al poder —ojalá sea nunca más— les caerá carcoma, como a los Cagonios Insulares Shitholes.

Diferencia: Los cubanos de antaño no sólo exigieron intervención, además regresaron a luchar por recuperar la libertad perdida. Pero, un demócrata llamado John Fitzgerald Kennedy los abandonó y traicionó.

Es cierto, los cubanos no somos como los venezolanos —como mismo dijeron ellos cuando les advertimos que no votaran por el comunismo—. No sólo existió durante 7 años la guerrilla del Escambray en contra del castro-comunismo, además existieron los valientes cubanos de Bahía de Cochinos. A todos esos combatientes aguerridos el mundo entero los dejó solos y olvidados.

Veo un documental de excelente factura sobre el último —hasta la fecha— héroe venezolano, Óscar Pérez.

Todavía estoy esperando un documental igual o la gran película sobre los Presos Plantados cubanos, sobre los guerrilleros anticomunistas del Escambray, sobre los traicionados combatientes de Bahía de Cochinos. También sobre Oswaldo Payá o sobre Orlando Zapata Tamayo, por poner sólo algunos ejemplos.

Y ni uno solo que valga la pena sobre el héroe cubano Luis Posada Carriles, que luchó antes que ningún venezolano por liberar a los venezolanos del castrocomunismo. Mucho menos sobre Pedro Luis Boitel, que a petición de Rómulo Betancourt, organizó y luchó en Venezuela para evitar un putcheraso de los comunistas.

Entretanto, Olivier Assayas estrena un clavo sobre los Cinco Espías Terroristas.

ANIMALES DE COMPAÑÍA

Mientras que todos a mi alrededor se quejaban de vivir en un solar, debo confesar, que aparte de la absoluta falta de agua y de higiene en las partes comunes, del baño colectivo, y los excrementos que se desbordaban del inodoro del baño colectivo del segundo piso y que corrían por el techo y las paredes de la escalera principal, por lo que teníamos que cubrirnos con *nailons* al bajar y al subir para evitar que nos cayera la mierda y los meados encima, y los hedores (lo peor era la peste), pese a todo eso, y más, a mí me gustaba el solar. No precisamente por su lado folklórico, aunque también, sino porque en aquel lugar tuve los animales que quise, en un pequeño cuarto, es verdad, y los pobres, vivían tan hacinados como nosotros, sus dueños, y pasaban tanta hambre como nosotros, aunque incluso a veces menos, porque debo reconocer que mami jamás permitió que ninguno de los animales se quedara sin comer, ella se podía quedar sin comer, pero jamás ni las palomas ni las cotorras, ni los canarios, ni el perro, ni el gato, ni el conejo, ni Solito, el gallo, se quedaron sin comer. Su trozo de pan lo mojaba en la leche última de mis años últimos de leche y se lo daba a Cotica, y la yema del huevo rallado de la cuota lo apartaba para los canarios, más gordos, y más coloridos que el interior de mis ojos cuando me halaban el pellejo para conocer si tenía anemia o no, casi siempre la padecía.

El solar se derrumbó frente a las atónitas miradas de mi abuela y mía con nuestros animales dentro. Entonces nos mandaron dos años para el albergue de Montserrate. Allá tampoco pude tener animales. Los animales allí éramos nosotros, y bastante salvajes, por cierto. Los machetazos volaban y la sangre corría a diario. Jurel tieso acompañado por una harina grisácea fue el alimento diario de cada uno de esos infernales años.

Cuando por fin nos entregaron un muy reducido apartamento de un cuarto en la calle Empedrado —gracias a mi asma—, vendido con el Estado como copropietario, y pagado a plazos, en el cual seguí durmiendo con mi abuela y con mi madre en una cama de 140 por 90, le rogué a mami que me dejara tener, aunque fuera, un perrito, a lo que siempre se negó. Mi abuela murió muy pronto, lo que dificultó que alguien me apoyara y convenciera a mi madre de volver a tener animales.

Una tarde llegué de la escuela y encontré a mami llorando sentada en el piso. El bodeguero le había vendido el arroz dentro de un endeble cartucho mojado por el fondo que se rajó justo al llegar a la casa, y el arroz se había regado por toda la sala. Mami intentaba recoger los granos puñado a puñado. Era la cuota del mes, y había que salvarla como fuera. Solté mi bolsita con los libros encima de la fea mesa de formica y me di a la tarea de ayudarla. Mi aguda miopía no me permitió divisar al principio que el piso se había cundido también de unos bichitos que corrían enloquecidos de un lado a otro entre los granos de arroz. Al verlos y sentirlos en mi piel retiré asustada la mano:

—No temas, son gorgojos. Mejor, así también de un tirón escogemos el arroz —dijo mami secándose las lágrimas.

Pero los bichitos continuaban arrebatados dando vueltas. Yo no sabía qué hacer para que mami no llorara más.

—Lo bueno es que, además, entre el hormiguero del balcón, resistente a cualquier veneno, el cucarachero también inmortal, del baño, la cocina y los escaparates, y ahora los gorgojos, pues ya no necesito perros ni gatos. Me dedicaré a amaestrar insectos, ellos serán mis nuevos animales de compañía —murmuré con el propósito de desviar la atención hacia otro tema menos dramático.

Lo dije muy seria, pero a mami aquello le dio tanta risa que de buenas a primeras pasó de soplarse los mocos a retorcerse encima de la marea de arroz y a doblarse de la carcajada, mientras no cesaba de repetir:

—¡Tú tienes cada cosa, tú tienes cada cosa…!

Nunca, jamás, olvidaré aquella nerviosa y contagiosa risa de mami.

BREVE MISIVA A UNA CHARLATANA

Empezaré sin rodeos.

No vengas a la mata del arte a imponer lo que te vendieron como arte bajo una tiranía y que no era más que propaganda comunista rastrera de quinta categoría y proveniente de los bajos fondos de cualquier Casa de la Cultura; por ejemplo la de Carraguao (mis respetos para Carraguao).

Cultívate, y si no posees la inteligencia suficiente para cultivarte, al menos infórmate. Lee, respeta el arte y a los artistas, dedícale horas-culo a los libros y ojos-mente a los museos. Sólo así podrás acercarte a conseguir rozar apenas lo que Dios no te dio: el Don. Aunque también, como decía Truman Capote, cuando Dios te da un Don, pone en tus manos un látigo. Sin ese látigo tampoco el Don —en caso de que lo tuvieras, que no es el tuyo— te valdría de nada.

Como soy generosa, y hasta a veces buena, que no es lo mío, porque como decía Mae West, cuando soy buena soy muy buena, pero cuando soy mala soy mucho mejor, te aconsejaré que leas sólo dos libros que en algo te encaminarán: las *Cartas de Vincent Van Gogh a su hermano Théo*, y el *Testamento Artístico de Auguste Rodin* que acabo de leer con mi hija Luna. Ambos son una buena vía para que no sigas siendo la ignorante charlatana y estafadora que eres en todo, tanto en política, como en arte, lo que a mi juicio resulta todavía más grave.

FEMINISTA VERSUS BOLLITÓLOGA

Hace unas horas vi una excelente entrevista en vídeo que supongo le hicieron en Brasil a la escritora feminista Camille Paglia. Una mujer toda razón, todo en ella es pensamiento pausado, toda fortaleza verbal. Qué delicia. Y, también hará cuestión de unos pocos minutos he visto una foto de una aparente joven desnuda, con el rostro deforme, gritando a todo diente (diente es lo que sobra en ella) alguna de esas consignas insufribles que las mujeres inteligentes tenemos que padecer en los últimos tiempos de vaginas politólogas. Esa foto fue la que provocó que yo pusiera mente y manos a la obra para escribir lo que a continuación les contaré.

Hace varias décadas —yo era muy joven entonces—, tuve la grandísima oportunidad de conocer a uno de mis escritores predilectos, Alberto Moravia. Había iniciado la lectura de sus obras por una novela de carácter casi masoquista, titulada *La Romana*. El amigo, un periodista italiano de *L'Espress*, que me invitó a la cena, la que se celebraría en su magnífica casa con vistas a la Tour Eiffel, junto a personalidades tales como Jean-François Lyotard, la editora Inge Feltrinelli, y el admirado Moravia, entre otros, me advirtió, no más llegar, que no me asustara, que a veces Moravia se sobrepasaba, que no le diera demasiada importancia. Enseguida pensé que el término «sobrepasar» tendría que ver con la política, puesto que Moravia había estado presente en la reunión Tricontinental, etcétera y demás.

El hecho es que no más entrar percibí al anciano Alberto Moravia, uno de mis ídolos literarios, sentado en el sofá central del lujoso salón, arrellanado en el mullido mueble de terciopelo verde, rodeado de mujeres muy hermosas, todas de mediana edad, y más. No soltaba su elegante bastón, ni se había desanudado el *foulard* de seda blanca del cuello.

Al punto, Moravia fijó sus ojos en mí, lo que me puso algo incómoda; al rato, pidió con un gesto que me acercara y me sentara a su lado. Las mujeres debieron apretujarse entre ellas y él palmeó el suave tejido del sofá justo en el lugar donde deseaba que yo —con toda la carga de mi timidez— me instalara. Al obedecerle, advertí que me había sentado encima de la mano de Moravia, puesto que él no la había retirado. Fui a levantarme y con la fuerza de su otra mano me obligó a quedarme a su lado. La conversación no fue breve, duró el tiempo que Moravia quiso que su mano quedara entibiada, empollada, por mi trasero.

Me preguntó sobre Cuba, dijo horrores de aquella «espantosa revolución», y su mano —eso sí, muerta— seguía fingiendo que había quedado atrapada debajo de mí. Me preguntó qué estaba leyendo; y le conté, de ahí, olvidándome yo de su mano y de mi timidez, confesé mi adoración por sus libros, y en especial por *La Romana*.

Hubiera podido levantarme de un gesto brusco, y haber exclamado que «este viejo me está tocando el culo haciendo creer que he caído accidentalmente encima de su mano», pero no lo hice. Preferí oír todo lo que pude al gran maestro Moravia. Haciéndolo ejercí mi derecho a dejarme tocar el fambeco a cambio de una conversación magistral e inolvidable.

Años más tarde, durante un Festival de Cine en Sevilla, otro gran maestro, el gran cineasta Luis García Berlanga, pidió que me colocaran a su lado en la foto de grupo. Él ya se hallaba impedido en una silla de ruedas. Mientras nos tomaban la foto, Berlanga colocó su brazo por detrás de mí y plantó su garra en mi nalga izquierda, apretándola. Yo busqué apoyo en la otra persona que se encontraba del lado puesto, y él —era un hombre—, viró los ojos en blanco, y me hizo señas de que mirara hacia abajo. Berlanga también lo tenía atrapado a él, con la otra garra, por su nalga derecha. Nos miramos y nos echamos a reír. Ambos éramos adultos —esto es muy importante— y también conocíamos la obra y el carácter transgresor de Berlanga, lo que no deja de ser de menor cuantía. Terminó la sesión de fotos, Berlanga chanceó con ambos. Todo quedó ahí. Y, sólo lo he recordado alguna que otra vez, incluso en público, con el propósito de bromear declarando que he tenido la suerte de que una de mis nalgas se haya encontrado en una ocasión en una de las manos del extraordinario artista.

A esta libertad es a la que se refiere Camille Paglia en sus respuestas. A la libertad —adulta siempre— de elegir quién puede acariciar tu cuerpo, mancillándolo o no, quien lo merece y quien no, si es que tú lo decides. Y a la libertad, también, por qué no, de provocar violencia con tu cuerpo, de aceptar esa violencia o no, e incluso a la decisión de morir por ese derecho. El derecho a la libertad, *tout court*.

Lo demás es bollitología de a tres por quilo, y el término no es mío, me lo ha confiado una señora inmensamente cultivada, de 74 años, a la que admiro por su refinado lenguaje, por su inteligencia, pero también por su libertad, al usar las más ocurrentes malas palabras que he oído pronunciar jamás con una extremada distinción. La distinción de los que aman el idioma con entera libertad. Esta señora también es una feminista notoria, su historia personal lo prueba con creces.

Lo demás, insisto, es bollitología, como ella misma argumenta, que no es más que histerismo vulgar de vaginas dentadas de estas mujeres de hoy que no han tenido en su vida que batirse por nada ni contra nada. Por no batirse, no han batido ni un huevo.

LO QUE TRAJO EL BAJEL

Una de las últimas veces que estuve en Miami, no hace mucho, me encontré por azar con un viejo conocido. Él me reconoció a mí, yo no a él. He borrado casi todas las caras que dejé en los Emiratos Insulares Shitholes de Cagonia Esclavizada y Enardecida.

—Zoé Valdéssss —dijo con ese insolente tonito de los cagonios.

—¿Y tú quién eres? —y es que p'a insolente yo.

Ahí soltó toda la historia del tabaco (y yo haciéndome pipi), entonces en un esfuerzo descomunal, y recogiéndome las dos tetas encima de los brazos cruzados (gesto de probable voladura, por no decir empingue) pude recordar por fin de quién se trataba.

—¿Qué haces en Miami? —preguntó como si yo no pudiera hallarme en Miami.

—De paseo —respondí agria.

—¿Pero tú no vives en Francia?

—Sí, pero también me paseo por el mundo. De vez en cuando caigo en Miami. ¿Por?

—No, por nada... Yo trabajo aquí —me dijo sin que yo se lo preguntara.

—Mira qué bien —ya con el chorrito en la punta—, qué bueno que pudiste largarte del infierno.

—Nooooo, qué va. Yo trabajo aquí dos o tres días a la semana. Vivo allá, aquello está superestelar —qué mal me cae esa palabreja—. No vivo aquí en Miami ni a mata'o. Todas las semanas viajo para acá porque no me queda más remedio, cumplo con mi trabajo y regreso a mi casa en La Habana. Aquello está buenísimo, ahora es cuando mejor está. Y con los cinco mil dólares que gano aquí mensualmente me alcanza y me sobra. Soy casi rico...

Le di un revirón de ojo que todavía me duelen la niña y el lagrimal. Ahí lo dejé, subí corriendo por aquellas escaleras antes que se me soltara la mano en un gaznatón y le meara el zapato.

Todo esto lo cuento con una rabia tremenda, porque me acabo de enterar que dos personas, a las que aprecio y admiro por su alto nivel profesional y su talento, las acaban de despedir de sus trabajos en los medios (¿"miedos"?) de comunicación de Miami. Mientras tanto, a este mediocre le dan todas las facilidades de trabajar —según me enteré después, precisamente porque vive en Cuba—, y le permiten llevarse el dinero con el que alimenta a la tiranía. No creo que sea el único.

Quéajcotú. Foquépete. Lo que trajo el bajel.

BREVE CRÍTICA
DE LA PASIÓN PURA

Mi madre, que en su nombre esté, pues se llamaba Gloria, cuando me veía estudiar, o leer, o me atendía al decirle o explicarle cualquier cosa acerca del arte, o de la literatura, me salía con aquello:

—Ay, *mija*, qué desgracia lo inteligente que eres, con lo bruta que es la gente. No te irá nada bien en la vida.

Mami tenía una de esas sensibilidades naturales, que ninguna universidad prodiga, ni convalida.

TIMO

Hará unos años, uno de esos que se denominan «haltijta concertuar», mostró una de sus «sobras» en ARCO, la feria internacional de arte que se celebra en Madrid.

La susodicha s'obra —de la que todos los «miedos» de comunicación «invasiva» hablaron, no por su valor artístico, sino por su desconcertante precio: veinte mil euros— consistía en un vaso de cristal transparente, medio lleno, o medio vacío, con agua, encima de una tabla. Se acabó.

Por ese pedazo de mojón —no, perdón, un mojón tendría mayor significado y al menos olor, o peste— la galería y el «haltijta concertuar» pedían, como ya señalé y subrayo, veinte mil euros.

Un artículo de *ABC* que conseguí rescatar abundaba más acerca del «haltijta concertuar», que como no podía ser de otra manera es cagonio. Ahí se aclaraba que el sujeto en cuestión *produce muy poco*, o sea además es un vago, y sus «rarezas» de mojonetas aguadas se «muestran» a precios fijos de entre veinte mil a sesenta mil euros.

No es solamente un timo, es una rotunda falta de respeto y una burla insoportables a la inteligencia y sensibilidad humanas.

LO QUE HAY QUE AGUANTAR, TÚ

Declara el policía de la UNEAC CUAC CUAC, el Caradura de la literatura cagonia, en El Nuevo Granma que en sus novelas él no ha dicho ni una sola mentira sobre Cuba.

Una sola no, un retongonal de mentiras sí. Empecemos porque él mismo es una guayaba en dos patas de la cabeza a los pies. Y finalicemos porque le ha manigüeteado a todo el mundo, desde a Guillermo Cabrera Infante tomándole su título *Itaca vuelta a visitar*, que él convirtió en el desabrido *Regreso a Ítaca*, hasta a Álvaro Alba con *En la pupila del Kremlin*, y su esa cosa retorcida de los perros.

España sigue congratulando a un tiparraco del régimen castrista que, no sea nada más que por que se beneficia de la ciudadanía española debiera defenderla; pero no, calla cobardemente, no ya cuando debiera defender a Cuba —eso ni pensarlo—, calla como una rata cuando se trata de la defensa de España.

En cambio, cuando se trata de criticar a Estados Unidos y a Moñeta, es el primero en hablar de política; pero en cuanto le preguntan por Cuba se hace el sonso, y responde tan campante que él de política no habla. Además de mediocre, cobarde y descarado.

Lo que trajo la carabela del compañerito este que dicen que nos descubrió. Bah. Foquépete. Quéajcotú.

PESTE A MUERTO

Tenia diez años cuando se derrumbó el solar. Llegué al albergue de Montserrate a esa misma edad. Los otros niños me gritaban: «¡Peste a derrumbe, peste a derrumbe!».

Yo me olía y no me sentía nada.

De grande, pasé por otro derrumbe, olía a muerto. En realidad, querían gritarme: «¡Peste a muerto, peste a muerto!».

De ahí mi obsesión por los perfumes caros.

ENTRE UN VAN GOGH
Y UN INODORO DE ORO

Se burlaban del «loco» Van Gogh, lo llamaban todo el rato: «Loco, loco, loco».

Hasta su principal «admirador» y *marchand d'art* se burlaba y lo explotaba; le cambiaba aquellas magníficas obras por dos mendrugos de pan y dos tragos de chispae'Bourdeaux, una especie de tumbapescuezo francés.

Y si ven, como vi yo, en el cuartucho donde dormía Van Gogh, allá en Auver sur Oise, donde murió con dos tiros en el vientre que él mismo se dio, o le dieron otros que él no quiso denunciar, y sin apenas asistencia médica, se caen redondos, como me caí yo.

Todavía hay que aguantar que el sapingonauta del inodoro de oro se quiera comparar a Van Gogh. Ha ganado este miserable más dinero con ese inodoro de pinguejereta, y más publicidad, que Van Gogh en toda su vida.

«TENGO HAMBRE»

... Y para terminar con esta historia, al menos por el momento.

Van Gogh, en su húmedo y estrecho cuarto, malherido en el estómago por dos balas que él mismo se disparó le musitó a Théo, su hermano:

—Tengo hambre...

Théo bajó corriendo al restaurante de los bajos a buscarle algo de comer. Al subir, su querido hermano, Vincent Van Gogh, había muerto.

«Tengo hambre», esas fueron las últimas palabras de uno de los más grandes pintores que ha conocido la humanidad. En vida sólo vendió un cuadro. Hoy es uno de los pintores más caros del mundo. Los museos se embolsan millones gracias a él.

«Tengo hambre», sus últimas palabras, recuérdenlo.

ESTO NO ES UNA RESPUESTA
A LEONARDO PADURA

En la ciudad de Toledo, España, fue entrevistado Leonardo Padura, y como es habitual en sus cada vez más frecuentes costumbres de divo internacional, opinó y soltó pestes sobre la política estadounidense —en este caso no se niega a hablar de política— y, obvió expresarse sobre la política castrista, de lo que invariablemente se niega a dar una opinión, casi siempre alegando precisamente que él no se dedica a la política.

Conocí a Leonardo Padura a finales de los años '80 en La Habana. Yo iba junto al editor italiano Carlo Feltrinelli, hijo del célebre y malogrado Giangiacomo Feltrinelli, quien me pidió que lo acompañara hasta la UNEAC (Unión de Escritores y Artistas de Cuba, modelo soviético), pues tenía una cita con su presidente de aquel entonces, Abel Prieto, quien después fue nombrado Ministro de Cultura, y creo que lo sigue siendo.

Carlo Feltrinelli deseaba reunirse con jóvenes escritores cubanos, pues ansiaba ser el primero en publicarlos en Italia. La reunión se produjo en uno de los laterales de la casona expropiada por los Castro a inicios de la horrenda debacle, en una terraza que daba al patio. Allí asistieron un grupo de escritores jóvenes y no tan jóvenes.

Abel Prieto se hizo esperar, llegó meneando sus bucles, con esa cara inmensa, por la que lo bautizó Reynaldo González «El Buró con Bucles». A su lado, como una especie de guardaespaldas tracatán se encontraba Leonardo Padura, con un atuendo muy parecido al de los milicianos. Prieto pidió su bebida predilecta, ron con leche, y Padura bebió de lo que trajeron para el resto, ron a palo seco; apenas habló como no fuera para apoyar las palabras de su jefe.

Leonardo Padura era entonces en toda regla un funcionario de la UNEAC, y miembro del Partido Comunista. Pocos hablaron. Yo tampoco, no dije ni esta boca es mía, porque desde siempre tuve como divisa que el silencio en estos casos debía ser lo más adecuado.

Recuerdo la gran decepción de Feltrinelli cuando salimos de esa reunión donde no llegó a ningún acuerdo con Prieto, ni con su secuaz Padura. A su demanda de nombres jóvenes de la literatura cubana, Prieto desplegó la larga lista de viejos escritores comunistas de toda la vida, encabezada por Nicolás Guillén, el que lo había precedido casi una eternidad como presidente de la UNEAC, nombrado Poeta Nacional por las máximas autoridades.

Carlo Feltrinelli, bastante apesadumbrado, y yo más bien acostumbrada, nos dirigimos a buscar a su hotel al otro Carlo, su mejor amigo italiano, y de ahí nos dispusimos a dar un largo e inolvidable paseo por el Malecón.

Me sentía algo incómoda, yo era una joven cubana escoltada por dos intelectuales italianos, polémico uno, porque Carlo se mostraba peligrosamente interesado en la influencia de Fidel Castro en la muerte loca —casi suicidio- de su padre, y arrebatadoramente bello y desinhibido el otro, quien amenazaba, en un arranque turístico-emocional de desnudarse en pleno muro del Malecón.

Sin embargo, seguía pensando en lo ocurrido en la UNEAC. Mi impresión acerca de Abel Prieto fue bastante indiferente; en cuanto a Leonardo Padura puedo decir que repelí su actitud vasalla, aunque no me interesó más que eso, lo vi como un ser sombrío bajo el ala de Abel Prieto.

En aquella época Reinaldo Arenas (no lo nombro por gusto, verán por qué) se encontraba exiliado, y desde 1980, época en la que se largó por el Puerto de Mariel junto a otros cientos de miles de cubanos, publicaba con frecuencia en las editoriales españolas. Poco tiempo después conocería de su suicidio, y leí como pude, allá, en la isla cárcel, sus memorias publicadas por Tusquets, *Antes que anochezca*. Reinaldo se había convertido en el dolor de cabeza permanente en el extranjero de la nomenklatura y el aparato represor castrista. Su nombre desapareció como desaparecieron infinidad de nombres de la literatura y las artes de ese país, por sólo nombrar tres: Lydia Cabrera, Guillermo Cabrera Infante y Celia Cruz.

En 1995, el 22 de enero, llegué a Francia de manera definitiva. Nunca había querido irme de Cuba, por las razones que explico en reciente entrevista que me hizo el escritor Denis Fortún. Sin embargo, mi situación personal en la isla se había convertido en una auténtica pesadumbre política, algunas de las razones también aparecen en la misma entrevista. Salir con mi pequeña hija de un año y dos meses no fue fácil. El Ministro del Interior Abelardo Colomé Ibarra, conocido como Furry, se oponía. Pero pude por fin llegar a este país, y después de muchos esfuerzos, sin poseer un documento de identidad y sin permiso de trabajo, logré editar *La nada cotidiana*, que había sido enviada por mí y a través de distintas vías fuera de Cuba antes de mi salida.

Toda una página (la última) de *Le Monde* se refirió a la novela. El éxito fue rotundo, los artículos se multiplicaban, muy favorables. Los mejores críticos literarios de prensa y televisivos, tanto en Francia como en Alemania, apostaron por esa novela. En España demoraron en editarla, pero tuve la suerte de que Sigrid Kraus del Carril lo decidiera y la publicara en aquella prestigiosa editorial Emecé (que ya me había rechazado en una preciosa carta mi primera novela, pero que auguraba que con la segunda la «Valdés daría un batacazo»), hoy Salamandra. Las críticas fueron también muy buenas, y *El País* dedicó un extenso reportaje sobre el libro e inclusive habló acerca de mis lecturas, en las que yo mencionaba, entre otros, a Eduardo Mendoza.

Quedaba preguntarse quién era yo. Para algunos, yo no era anticastrista sino más bien crítica con el régimen y eso significaba que los Castro se abrían al mundo. Para otros lo era, y eso también significaba que Cuba estaba cambiando.

Cuba no, pero los Castro me cerraron las puertas de mi país de inmediato, ocurrió a pocos días de que la novela saliera editada en Francia, con aquel hermoso y rotundo artículo publicado por *Le Monde* y firmado por el Premio Goncourt, Erik Orsenna, donde me comparaba con Alexandre Soljenitsyne y con Milan Kundera. Enseguida el oficial y Agregado Político de la Embajada, Aurelio Alonso, acompañado de la periodista comunista francesa Jeannette Habel, se personaron en la buhardilla donde vivía, y ambos, cada uno a su manera, me dieron el aviso, en tono de pérfida amenaza. Entré en la «Lista Negra» del castrismo.

Poco tiempo después, bastante rápido, por cierto, aparecieron Abilio Estévez en el panorama literario español, y enseguida Pedro Juan Gutiérrez y Leonardo Padura; ninguno se desentendía del régimen castrista, las declaraciones de Estévez, instalado inclusive en Barcelona, eran más bien indiferentes, desganadas y esporádicas, y los otros dos vivían en Cuba, sin que nada les sucediera al publicar en el extranjero; lo mismo que le costó dos años de prisión a Reinaldo Arenas, y a mí por poco un tribunal judicial a la manera castrista.

A Leonardo Padura lo volví a ver en Francia. Lo había publicado Anne-Marie Métaillié, prestigiosa editora de izquierdas, bajo la tutela aparente del chileno Luis Sepúlveda. Nos encontramos invitados ambos en un Panel dentro de un evento llamado «La Plume Noire». Yo presentaba mi novela *Café*

Nostalgia, expliqué de lo que fue mi experiencia en el ICAIC (Instituto de Arte e Industria Cinematográficos) como contratada, y de mi novela, exclusivamente, sobre todo, porque antes de subir al escenario donde se situaba la mesa, una de las organizadoras me advirtió que estaba prohibido tocar el tema político de Cuba. Padura, sin embargo, lo primero que hizo cuando tocó su turno fue hablar de política y de las ventajas de la «revolución» castrista. Intenté contestarle, para precisar algunos errores en su intervención sobre el ICAIC, una vez culminó la misma, y casi me saltó al cuello. Su ataque fue virulento y por cierto, bastante machista. No esperaba un ataque de semejante bajeza.

Sus hirientes palabras recibieron una resonancia de aplausos proveniente desde una *clique* situada en el centro del lunetario, muy bien ubicados y unidos entre ellos.

Otra escritora cubana se hallaba en el Panel, Mayra Montero, a quien yo había conocido en Cuba a inicios de los '80, en uno de sus viajes facilitados por su ex novio Luis Rogelio Nogueras, a través de Alfredo Guevara, el presidente del ICAIC, siendo una exiliada en Puerto Rico. Mayra Montero optó por callarse, no salió en mi defensa, más bien apuntó con sus palabras a una velada alianza con Leonardo Padura.

Meses más tarde, Leonardo Padura reiteró el ataque en mi contra, esta vez en la prensa española. Dijo exactamente que: *Zoé Valdés produce una literatura que no es literatura. Ella siempre fue una funcionaria y se exilió en avión con su marido y su hija. Se ha inventado un personaje de mártir que es falso. Ella miente mucho.* Nunca pude responder a este ataque, ningún periódico aceptó mi derecho a respuesta.

Varios jurados de prestigio han premiado mi obra en distintas partes del mundo. Nunca fui funcionaria como en cambio sí lo fue él, sólo trabajé cuatro años contratada por el ICAIC, y viajé como esposa acompañante a París para que mi primer marido trabajara en la UNESCO, durante cinco años. Me exilé en avión como tantos otros artistas e intelectuales cubanos. Nunca me he inventado ningún tipo de personaje de mártir, ni me interesa para nada el martirio ni el «martirologio» en mi vida personal. No miento, como sí ha mentido él en numerosas ocasiones. La prueba es que el tiempo me ha dado la razón.

Es curioso que ese ataque de Padura en la prensa española a mi persona saliera precisamente acoplado a otro ataque de su cúmbila Abel Prieto, ya entonces Ministro de Cultura, en que se refería a Guillermo Cabrera Infante como un loco, y a mí como una pornógrafa. Pero más curioso todavía es que esa agresión, volviera a relucir precisamente, años más tarde, en la prensa comunista francesa, cuando la Universidad de Valenciennes en Francia decidiera entregarme el título Doctor Honoris Causa.

Uno de los profesores me contó, por cierto, que la embajada castrista en París insistía para que otorgaran ese Honoris Causa a Leonardo Padura en lugar de a mí, y cuando vieron que no podían conseguirlo llegaron a amenazar verbalmente al profesor en cuestión.

Tras recibir en 1998 la Orden de Chévalier de las Artes y las Letras otorgada por Francia de manos de la Ministra de Cultura Catherine Trautmann, Cuba se dedicó con esmero a buscarle la misma condecoración o en mayor grado a Leonardo Padura y a Wendy Guerra, esta última llegó a declarar en la revista Paris Match, que *Raúl Castro ha vuelto a poner a Cuba en el mapa universal*. Ambos fueron condecorados, sin vivir en Francia y sin hablar francés.

Tusquets y Beatriz de Moura siguieron publicando a Leonardo Padura en detrimento de la obra de Reinaldo Arenas. La correspondencia entre Margarita y Jorge Camacho, tan importante para conocer lo que sucedió en la vida del escritor, posterior a su exilio, fue rechazada por la editorial, entre otros libros, según me comentó mi amigo Jorge Camacho, albacea, junto con Margarita, su esposa, de la obra de Reinaldo.

La prensa española, los festivales y ferias del libro, el cine, hasta Netflix, han ensalzado en estos últimos años a algunos de esos escritores que le hacen con toda evidencia el juego sucio al régimen, han sido sus cómplices y han contribuido a su lavado de imagen.

España reconoció el provincianismo autoritario de la obra de Leonardo Padura con el Premio Princesa de Asturias de las Letras, formaba parte del jurado su editora Beatriz de Moura, quien no dudó en afirmar que *Padura se merece un reconocimiento más allá de la literatura*, o sea, por encima de lo humano y lo divino. Ruego, insisto, lean mi entrevista con Denis Fortún para que sepan algo más sobre esta señora. Reconocimientos van y reconocimientos vienen, pese a que su desabrido *Regreso a Ítaca* recuerde tanto a aquel título de Guillermo Cabrera Infante *Ítaca vuelta a visitar*, y el libro de Álvaro Alba, sobre León Trotsky, *En la pupila del Kremlin* haya pasado por editoriales españolas, entre ellas Tusquets, antes de que apareciera Padura con su novela *El hombre que amaba a los perros* sobre el mismo tema —según me ha confirmado el autor de *En la pupila del Kremlin*—.

En su novela *El hombre que amaba a los perros*, un Leonardo Padura subido en una especie de pedestal que él mismo se ha construido con la complicidad de los que amaron y aman a los Castro y al castrismo, se refiere a España y a los españoles con las siguientes palabras: *Éste es un país de imbéciles, beatos hipócritas y fascistas de nacimiento* […] *Sus amigos en Dax fueron hijos de aldeanos pobres y de emigrantes españoles, con los que disfrutaba saliendo a los bosques cercanos a recolectar trufas, guiados por los cerdos.*

España premió con una de sus más insignes condecoraciones, y sigue premiando, a quien de tal modo se expresó de ella y de los españoles, a quien se ha callado frente al intento de golpe de estado del catalanismo separatista —disfrutando como disfruta de la ciudadanía española—, y a quien usa el símbolo de una pelota de béisbol en un acto Real con Su Majestad el Rey de España, haciendo gestos alborotados con su mano y con la pelota —los que sabemos qué significan algunas señas y gestos en ese deporte entendimos muy bien su desprecio y afrenta en un evento tan importante de la Corona y de España—.

Por último, aunque volviendo al inicio, Padura se deshace en agresiones en contra de Estados Unidos, de su pueblo, y del presidente elegido por los estadounidenses, y por supuesto en contra del exilio cubano. Lo hace allá en Toledo, aunque la semana anterior en Miami prefirió jugarle otra bola al público de la librería que lo acogió. Padura, el que jamás ha criticado la absoluta falta de elecciones presidenciales en Cuba durante 59 años de tiranía castrista. Padura, el que calla cobardemente cuando de enfrentar a los tiranos se trata.

Por suerte, otro escritor, cubano-estadounidense, Rolando H. Morelli, ha sabido responderle con un brillante artículo. Cito un fragmento: *Padura declara a un grupo de periodistas españoles en la ciudad de Toledo, que «aunque (él) no puede asegurarlo, [...] Trump es presidente porque frente a él había una candidata que era una mujer». El pleonasmo sirve acaso para encubrir la estulticia de semejante declaración. Donald Trump no sólo se enfrentó a «una candidata», que por fuerza había de ser mujer, sino a numerosos otros candidatos «hombres», a quienes derrotó. Al estalinista Bernie Sanders, no tuvo que enfrentarse, gracias a que «la candidata mujer» consiguió con artimañas y trapacerías ningunearlo y excluirlo dentro de su propio partido. Fue gracias a que Hillary Clinton no consiguió hacerse con la presidencia de la nación, precisamente, que han podido salir a relucir una serie en cadenas de hechos conspirativos y de abusos de poder de los que la propia candidata y sus colaboradores son protagonistas, y por los cuales lleguen acaso a resultar inculpados.*

Resulta una vez más curioso que Leonardo Padura salga en defensa de la corrupta Hillary Clinton cuando jamás ha manifestado el más mínimo apoyo a las Damas de Blanco, esposas y madres de lo presos políticos cubanos, ni haya dicho esta boca es mía cuando el régimen asesinó a Laura Pollán, su líder, entre otras mujeres y hombres vilmente sacrificados.

Pero más peculiar resulta que este hombre que sale en auxilio de la señora Clinton — que no solo ha sido Primera Dama, además ha ostentado cargos poderosos en el Gobierno norteamericano, cosa que no sucede en Cuba con ninguna mujer opositora— sea quien en numerosas circunstancias se haya interpuesto y haya ejercido su machismo-leninista para evitar que una mujer continúe libremente con su carrera de escritora, poniéndole barreras y trabas, cerrándole puertas, allí donde su garra insolente y maloliente a tabaco de falso linaje ha llegado.

Esa escritora, esa mujer, es quien les escribe en este instante. No a Padura, a ustedes, para que lo sepan de una vez. Porque, por supuesto, «esto no es una carta a Padura», parodiando la célebre obra de René Magritte, *Ceci n'est pas une pipe*. Esto es, como lo podrán suponer —arte mediante—, una carta a Leonardo Padura, el que se oculta detrás de lo que no es.

CABALLEROSIDAD

Fui muy temprano a Correos porque una vez por año, alrededor de estas fechas, recibo invariablemente un regalo casi siempre voluminoso de una persona que me aprecia mucho y a la que yo también quiero mucho, como es natural.

El inconveniente de su envío es que lo hace a través de Seur, porque desde donde vive, en España, no hay otra manera de hacerlo de manera tal que llegue pronto y seguro.

La oficina de Correos no queda muy lejos. Me dirigí allí con mi carrito de la compra, pero al llegar pude apreciar que el paquete esta vez era más grande de lo acostumbrado y apenas cabía; además pesaba un quintal.

Saliendo de Correos, un amable señor, al ver el trabajo que estaba pasando, me preguntó si iba muy lejos, le dije que no, pero que no se inquietara. Insistió en ayudarme. Yo me negué al punto, de manera rotunda, pero él persistía.

De momento, apareció una de estas francesas de fondillo exprimido y boca caída por los lados, de perenne emperrá, y sin que nadie la reclamara soltó:

—'*Mais enfin, Monsieur, laissez-là, ce n'est pas parce que on est des femmes qu'on doit porter nos paquets pour nous, à notre place!*'. (Pero, en fin, Señor, déjela, no porque somos mujeres es que se deben cargar nuestros paquetes!).

El hombre se quedó petrificado, y yo muy apenada con él.

De repente se me subió lo que tengo de irlandesa y de china

207

de Cantón p'allá arriba p'al quinto piso del moño, y me viré para la tiparraca y le espeté en la cara:

—*Mais de quoi tu te mêle, connasse de la putain de merde de ta mère morte et pourrie? Qui t'a donné des bougies dans cet enterrement?* («Pero ¿por qué te metes, sapinga de la puta de mierda de tu madre muerta y podrida? ¿Quién te dio velas en este entierro?»).

Lo de dar velas en el entierro no lo habrá entendido ni en francés, porque es un refrán que no tiene traducción en la lengua de Molière. Así que la dejé además de sorprendida, cogitando: «¿vela, entierro?».

Sonreí con la mejor de mis sonrisas al caballero, y acepté de inmediato su generosidad al acompañarme hasta la puerta de mi edificio llevando el enorme y pesado paquete.

SUPUESTO SUICIDIO
DE FIFITO CASTRO DÍAZ-BALART

Qué momentazo digno de Pasolini cuando Fifito se debatía colgado por las patas:

—No me suelten, coño, no me suelten.

Y una mera cosquillita de nada en el calcañal decidió su final.

EL SUICIDIO

Considero que el suicidio constituye un acto de coraje y de liberación. Reinaldo Arenas se suicidó y previó dejar constancia en una carta de las razones por las que decidió terminar con su vida, su carta es una de las condenas más esclarecedoras de la tiranía. Su valentía nadie la pone en duda.

A Fidel Castro Díaz-Balart lo empezaron a matar cuando su padre se lo arrebató a su madre. Amparado, o desamparado, bajo el ala del padre y la tutela del tío —dos criminales natos— no podía esperar otro final que el que ha tenido: una muerte tan enigmática como tenebrosa, en la que no dejó ni siquiera un mínimo mensaje que esclarezca los motivos de su supuesta decisión. Pura cobardía del que lo «suicidó». *Next!*

LOS DIOSES DEL O-SUCIO

Cuando mami me ponía en la mesa a toda hora harina con chicharro, y yo hacía muecas desganada, y tantas arcadas que casi me arrojaba encima de mis delgados muslos, ella se desgañitaba y ponía en alerta de combate a todo el solar:

—¡Síguete haciéndote la fina, síguete haciéndote la de los rolos de peluche, que tú no vives en el Olimpo de los dioses aquellos griegos! ¡Mira que tú vives en el O-Sucio y los únicos griegos que hay por los alrededores de este culo del mundo son los marinos mercantes del Parque de los Mosquitos! ¡Un día vas a extrañar el chicharro y la harina, tú verás, un día los extrañarás, y yo no estaré aquí para consolarte y ni siquiera habrá luz brillante!

Mami era pitonisa.

Cuando tocó la hora de la tilapia y el puré instantáneo que parecía almidón grumoso para pegar cuquitas, y la harina y el chicharro pasaron a formar parte de los rencores del ayer, me entró una perra nostalgia que por nada me muero, como Chopin cuando compuso las Polonesas. Hasta soñaba con que me zampaba un chicharro entero del tamaño de una ballena y me bañaba en harina hirviendo como si fuera una sauna del Eden Rock en Miami.

EL KAMASUTRA

Contaba quince años cuando me prestaron el Kamasutra, no paraba de leerlo, de alante para atrás y de atrás para alante.

—¿Otra vez leyendo? —preguntaba mami.

Yo le reviraba los ojos y hundía mi rostro en las páginas, sacándole la lengua.

—¿Y ahora qué lees si se puede saber? —masinguillaba ella.

—El Kamasutra.

—Pues a ver si te levantas del Catresuda y coges el cubo y vas a cargar agua del garaje del Parque Habana...

Mami era pitonisa, pero hasta ahí. La magia no era lo suyo.

DOS MISTERIOS

Domingo de intensa y benéfica lectura, en el trono que ocupo desde hace 20 años en esta casa, mi templo, debajo del ventanal, frente al Sena. Disfruto del mayor de los regalos: libros. Y no cualquier libro, o libros. Se trata de la obra completa de la inmensa Rosa Chacel.

El regalo proviene de mi querido Luis Enrique Valdés Duarte, que no sé cómo pudo adivinarme, ni sé tampoco cómo me adivina siempre, y selecciona meticulosamente para colmar mis ansias. O lo sé, sí, forma parte del bien necesario que los misterios atraen. Él es un misterio para mí, yo lo soy para él. Por mucho que nos contemos las mutuas vidas sabemos que el misterio seguirá perfecto e intacto.

Gracias, querido amigo lejano, por tantas horas hermosas, sinceras y enjundiosas que me has regalado con Rosa Chacel, ya llevo dos tomos terminados y estudiados. Gracias eternamente por la complicidad que sólo ofrenda la literatura, y la bondad.

Nos veremos en Urueña, la ciudad de los libros.

PENSAMIENTO LIBRE

Afirmar que existe un pensamiento feminista es faltarle el respeto al pensamiento. Es menospreciar el acto de pensar; marcarlo como se marca a una res.

Pero todavía peor, un pensamiento feminista condena a la mujer a limitar su pensamiento, y reducirlo a una mera condición ovárica.

Estoy con las que se quitan el burka en Irán, y en contra de las que aspiran a bañarse con un burka en una playa o en una piscina de Occidente.

CONFETIS HERVIDOS

No pasó demasiado tiempo antes de que se perdiera el chicharro (pescado) y la harina, y nos obligaran a toda hora al puré de papa instantáneo acompañado a veces de uno de los cuatro jinetes del Apocalipsis (el huevo, cuatro per cápita cada mes), o el picadillo de tilapia. Abuela y mami todavía vivían, y yo vigilaba asustada para que así continuara sucediendo.

Mami estaba siempre puesta para la concreta y junto con ella ponía a cualquiera —a mí principalmente—, a darle contracandela al surco en marcha atrás. Pero con abuela no podía. Abuela, por su parte, vivía retirada ya detrás del chiforrover que separaba su cama de mi catre, como un general de brigada jubilado y propulsado a una luna lorquiana, dando órdenes a diestra y siniestra y acusándonos de que le robábamos gotas del último frasco de «Joy» de Jean Patou adquirido en Flogar durante las Navidades de 1958.

Aquella tarde mami parecía una pantera enjaulada y se llevaba las manos a las sienes martillándoselas con los dedos y se arrodillaba una y otra vez frente a la imagen del chino de la Charada (su único Dios) pegado con una tachuela detrás de la puerta:

—Ay, Cristodelimpias (que como ya dije era el Chino de la Charada), ilumíname, qué voy a poner hoy con el puré instantáneo en la mesa, que no tengo ni un huevo, ni un ripio de tilapia, ni un desodorante... (el desodorante ella lo metía en todo).

Aburrida de lo mismo, se me ocurrió ir hasta casa de Mechunga, la santera peleada a muerte con mi abuela —quien también era santera además de meiga, pero como era irlandesa, santera irlandesa, los «clientes» de Mechunga la dejaron para irse con mi abuela, por el aquello de la novedad.

Sin embargo, pese a esa trifulca «orishera» Mechunga me seguía queriendo y me contemplaba cantidad, como si la nieta de ella fuera yo. El hecho fue que me llegué a su cuarto y como siempre sin tocar, bueno no había nada que tocar porque no existía la puerta, sólo una cortina de cintas de celuloide, me colé en el cuarto.

—Oye, que tú no avisas, un día te vas a topar con un espectáculo de lo más feo —Mechunga se me acercó y me besó en la frente rociándome con agua bendita y buches de ron— ¿Y qué te trae por aquí, mi Elegguá?

Puse los ojos en blanco y suspiré empinando el pecho.

—Ah, ya sé, se le acabaron los huevos y la tilapia a tu madre...

Negué pestañeando y moviendo las pupilas de un lado a otro.

—Mira, esto es lo único que me queda —se acercó con un cartuchito lleno de colorines—. Me lo trajo mi ahijado para que se lo pusiera en el merengue a Ochún, pero ¿con qué huevos voy a hacerle un merengue a Oshún? Entonces le puse un puñadito a ella (señaló para el altar) y el resto me lo estoy comiendo a pulso. Prueba, son azucaradas, y las llaman grajeas. Antes, con las grajeas se espolvoreaban panetelas, ya tú sabes, en la época tan buena de aquellos tan malos...

Probé dos o tres y no me supieron a nada, sería porque tenía el estómago estragado. Me dije que debía regresar porque no me gustaba dejar a mami sola abrumada por esos llantenes interminables a causa de la falta de comida. Pues ella misma decía que ya no lloraba por los hombres, sino por la falta de comida, y que un día se iba a quitar la vida, no por la falta de hombres —que también— sino sobre todo por la falta de chaúcha.

Regresé al cuarto y mami estaba ya batuqueando el agua con sal preparada para lanzar el puré instantáneo dentro.

—¡Y menos mal que me queda luz brillante, porque mira esto, sin aceite, sin una gota de aceite! —entonces otra gota (no la ansiada de aceite) rodó desde su lágrimal y se desnucó en la bullente e insípida agua de la cazuela.

De súbito, me dio por mostrarle el nailon con las bolitas de colores. Ella primero observó de reojo sin prestarle demasiada atención, pero enseguida su rostro resplandeció, sus pupilas opacas por el llanto volvieron a rutilar, y de un tirón me arrebató el paquete de las manos.

Olió, probó, y sin titubeos soltó las grajeas al mismo tiempo que añadía la lluvia de hojuelas apergaminadas del puré instantáneo ruso dentro del caldero tiznado por el fondo.

Revolvió, revolvió, y cuando aquello espesó el puré cogió unos matices tornasolados de lo más divertidos, y hasta olorosos como a la melcocha de antaño.

Otra cosa fue cuando nos llevamos las cucharadas a las bocas.

El general de brigada, digo, abuela, fue la primera en degustar sonoramente con la lengua mientras hacía una mueca improbable:

—¿Pero qué me estás dando de comer? ¿Confetis hervidos?

ABUELA

Una tarde abuela fue a buscarme al colegio. Cuarto grado. Me encontró castigada contra la pared, en la Dirección. Preguntó a la maestra la razón de mi castigo:

—Se la pasa fajada todo el rato con los varones. Incontrolable. Hoy estaba ahorcando a un condiscípulo con la pañoleta de pionero. Necesita urgente tratamiento psicológico —rezongó la maestra con voz atiplada.

—Déjeme eso a mí, que yo soy la abuela, y más psicóloga que yo no existe.

Me agarró por el tronco de la oreja y no me soltó hasta que llegamos a la casa. Lloré tanto que hasta me dieron arcadas y por nada vomito las torticas de Morón de la merienda.

Una vez solas en el cuarto de Muralla inquirió:

—Ahora cuéntame por qué andas como una marimacha fajándote con los varones.

—¡Por que tú misma me dijiste...! —entre jipíos de llanto.

—Baja la voz.

—Porque tú misma me dijiste —entre sollozos— que si se reían de mi primo o si se reían de mí y me llamaban «cuatro-ojos» y... y... y que si me halaban el rabo de mula, y que si yo regresaba a casa moreteá por un varón, la que me iba a partir el palo de trapear en el lomo ibas a ser tú. ¡Y no fui yo quien trató de ahorcarlo con la pañoleta, fue él, el niño ese...!

—¿Trató de ahorcarte con la pañoleta? ¿Y por qué la maestra dijo que habías sido tú?

—¡Porque la tiene *cogía* conmigo, ¡esa maestra la tiene *cogía* conmigo porque dice que soy católica, que si voy a la iglesia, que si esto y lo otro…!

—Háblame bajito, te dije... Entonces, ¿tú te defendiste?

—Síiiii, me defendíiiiiiii... —los mocos me llegaban al cuello.

Abuela me lavó la cara en la palangana, secó mi rostro con su pañuelito bordado, y me llevó a tomarme un helado en «El Anón», en premio por haber sabido defenderme.

A la mañana siguiente por mucho que mami insistió quiso ser ella quien me llevara a la escuela, fue Abuela quien lo hizo. Subió conmigo hasta el aula, y allí me dejó deseando los buenos días a todos. El aula quedaba justo al lado de la Dirección, por lo que pudimos oír las palabras firmes de mi abuela al director Jesús Escandell Rey:

—La maestra de cuarto grado es una mentirosa. Le advierto, la próxima vez que alguien intente ahorcar a mi nieta y esa maestrica me venga con su historieta de que fue al revés, la que la va a *esnuncar* a ella como un pollo de brujería soy yo, y no va a ser con una pañoleta de pionero, va a ser con una soga de barco. Que se recoja al buen vivir como una costura de canesú y se deje de una graciesita. Que si ella pretende que mi nieta está loca, que sepa que más loca que mi nieta estoy yo. Ah, y seguiremos siendo católicas, santeras, meigas, y lo que nos salga del bollo…Que tenga buenos días.

Viró la espalda y dejó al Director con la quijada acuñando un expediente.

Remedio santo. Nunca más me mandaron al psicólogo. Eran otros tiempos. Abuela siempre creyó en el respaldo familiar.

GNOSSIS

En la foto aparezco con mi perrito Gnossis, en aquella Habana del hambre «canina», un hambre de perros. Gnossis era un «perro de goma», por decirlo de alguna manera. O como dijo mi madre, muy nerviosa, cuando yo llegué en la tarde de pedalear unos cuantos kilómetros: «Ese perro es de goma, tú, ese perro es de goma...»

Mami lo había subido ese día a la azotea a tomar el sol, ya me dirán ustedes qué necesidad hay de que un perro tome el sol en una azotea habanera como no sea para achicharrarse, pero mi madre tenía esas ocurrencias ilimitadas e incontrolables. El caso es que Gnossis se mandó a correr como un loco al notar tanto espacio a su alrededor, y siguió corriendo en el vacío. Cayó de un quinto piso en el toldo de la peluquería, menos mal que el toldo estaba allí, y del toldo rebotó a la calle. Una vez en la calle siguió corriendo sin parar. Regresó a casa muy tarde en la noche, después que ya lo dábamos por perdido y de haber recorrido mi madre y yo, llorosas, media Habana Vieja en su búsqueda. Llegó cansado, apaleado, sucio, el pito inflamado de haberse templado a cuanta perra se encontró en el vasto perímetro entre las calles Obispo, Montserrate, Tejadillo y la Plaza de la Catedral. Ese día descubrimos que era «de goma», y además un romántico, y lo creíamos inmortal. Pero. No.

Yo estaba, como podrán imaginar, en la tea, flacuchenta y con una «canina» encima de tres pares, porque además de que no había mucho que comer, apenas comía cuando podía hacerlo, pues todo lo que me tocaba por la libreta de racionamiento se lo daba a escondidas a Gnossis, pese a las quejas de todos los que me querían. Pero yo quería a Gnossis más que a nada en el mundo, más que a mí misma, y cuidaba extremadamente de su alimentación en la medida de mis ínfimas posibilidades.

En un descuido, en el que mi madre debió ocuparse de Gnossis, le metió una croqueta de fricandel. Aquel fricandel que no se sabía lo que era, una masa apestosa de color gris, que desde luego no era carne, ni pollo, y mucho menos pescado. Gnossis se tragó la croqueta amasada y frita por mami, sin masticarla —él era muy goloso— y se fue a su esquina predilecta. Imagínense, darle una croqueta de fricandel a un Yorkie-Terrier, que son más delicados que una puta en cuaresma.

De aquella esquina no se movió más. Primero se le cayó todo ese pelo tan bello que se puede apreciar en las fotos que le hice, después enfermó y murió en nada. No sabemos a estas alturas si envenenado por los efectos del contenido de la croqueta de fricandel en su frágil estómago, o porque la croqueta frita en un aceite del que también ignorábamos su procedencia le explotó dentro como un misil.

Yo, esas croquetas de fricandel, de sólo verlas, me vomitaba en la pechera. Pero mi madre afirmaba saboreándolas que no estaban tan malas, y es que la pobre, como ella misma decía: «Lo jodido de este sistema impuesto por esta gente es que uno empieza a encontrarle hasta algo de gusto por alguna parte, te acostumbras, lo quieras o no».

Sufrí mucho con la muerte de Gnossis. Mi madre también. Ella lo amaba casi tanto como yo. Pero hay amores que matan.

MORIR EN CAGONIA
SIN CRISTALITO

A mi prima segunda, Anisia, allá en Cagonia, se le murió la suegra. Ya se le había muerto el marido antes, que le dejó cómo única herencia a su madre, o sea, a la suegra. Su marido también murió de la muerte nacional: infarto masivo. Demasiada lucha, demasiado ron.

La suegra murió de muerte «natural»; en Cagonia apenas se registran accidentes, mientras se mecía sentada en una comadrita, junto a la cocina de gas. Estaba esperando a que volviera el gas y se quedó dormida, el gas volvió y la asfixió.

Anisia llegó del trabajo y se encontró a su suegra tiesa por asfixia «natural» junto a la cocina. Todavía la comadrita se mecía sola, o sea, sin que la anciana la meciera con el impulso de su cuerpo. Se mecía por obra y gracia, que es como funciona todo en Cagonia.

Anisia corrió a casa de una vecina con la intención de llamar a una ambulancia, pero tras aguantar el cable del teléfono con una pinza de cejas, en Urgencias le comunicaron que no contaban con ambulancias por el momento, ni que las tendrían por un buen rato, quizás días. Decidió llegarse entonces al Médico de la Familia y dejó a la gélida suegra al cuidado de Mocho, el perro, pues la vecina sentía pavor de cuidar a otro muerto:

—Que ya son muchos en este barrio, mija, y siempre me los endilgan a mí, qué va... Es que a la gente le ha dado como una manía de morirse, una detrás de otra... No, chica... «Hemos dicho basta y hemos echado a andar»...

Anisia pudo por fin aparecerse en el Médico de la Familia, pero se encontró con que le habían cerrado la consulta al Generalista debido a la escasez de agua. Preguntó por él, dónde hallarlo, y le comunicaron que andaba por Guanabo entrenándose en nado a distancias largas y con Norte.

Regresó más nerviosa a la casa que cuando salió. Y eso que tuvo suerte, y por el camino se encontró con una mujer vestida de blanco que le confirmó que era enfermera, bien podía haber sido iyalocha, y que aceptó firmar el acta de defunción de su suegra sin verla muerta, por el módico precio de cinco pesos.

Pero ahora, ¿qué hacer? ¿Cómo llevar a velar en la funeraria a su santa suegra y, lo más difícil, dónde enterrarla? A su marido lo había colado casi a la fuerza en un panteón familiar perteneciente a un amigo, pero ahí ya no quedaba espacio.

—Yo tú la cargo en la bicicleta y fuiquiti p'allá —sugirió la vecina.

Anisia no lo pensó dos veces. Bajó la bicicleta desde el sexto piso (el ascensor no funciona desde el batistato), la vecina quedó al cuidado de la misma, cosa de que no se la robaran; regresó a por su suegra, una vez en el apartamento cargó en peso el cadáver, ya bastante tiesecito, y descendió las escaleras de nuevo lo más rápido que pudo con la difunta al lomo.

—Creo que vas a tener que amarrarla, se te va a resbalar de lado, porque fíjate bien que está muerta y no dormida, no se podrá aguantar sola —explicó la vecina mientras Anisia trataba de acotejar a su suegra en el asiento trasero.

Anisia buscó en su bolso, en él podía encontrar desde un destornillador hasta un pintalabios gastado Max Factor de los '50 heredado de su madre, extrajo un trozo de soga. Rogó a la vecina que la auxiliara con amarrarse a la suegra a la espalda, lo que esta hizo no sin cierto remilgo.

—Arghhh, es que le he cogido una tirria a la gente esta que se muere así porque sí...

Anisia pedaleó, pedaleó. A la altura de la Plaza de la Revolución —porque aunque a ella le quedaba más cerca la funeraria de Calzada y era la que le tocaba, allá no había cupo y la redirigieron hasta la del Cerro— la detuvo una patrulla de policía.

—¿Qué es lo que tú llevas en esa jaba, ciudadana? —le espetó el agente.

—Cosas.

—¿Qué cosas? —preguntó mientras metía la mano y el brazo dentro y revisaba.

—Ya lo ve, boberías —contestó a media voz la ciudadana.

—¿Qué le pasa a la compañera esa que va contigo?

—Ya lo ve —reiteró—. Está muerta.

El agente soltó una carcajada:

—Buen chiste. Continúa, agila, compañera, deja la vía libre... Y dale agua a esa vieja que se te está secando como un cactus… —agitó su brazo en un gesto tosco.

Anisia llegó a la funeraria sudando la gota gorda, extenuada, jeremiquiando, las piernas temblorosas. Entró sin embargo decidida, con la suegra anudada a la espalda.

—Mi suegra murió, esperando el gas se asfixió. He tenido que traerla así, en bicicleta, no encontré transporte en ninguna parte. Vengo a inscribirla aquí, no sé cómo se dice, o sea, a velarla...

—¿Trajiste el cristalito, mi cielo? —preguntó la joven sin levantar la vista y mientras se afilaba las uñas con una lima gastada.

—¿Qué cristalito? —Anisia no podía ni imaginar que se tratara de ese cristalito...

—El cristalito del ataúd, mamita. Tenemos cajas, pero sin cristalito. Y sin cristalito no te podemos dar la caja.

—Es que no tengo cristalito, ni dónde conseguirlo...

—Ah, pero hasta que no regreses con el cristalito no puedo hacer nada por ti, digo, por ella —señaló con la lima a la cara verdosa de la vieja finiquitada.

—¿Te la puedo dejar aquí en lo que yo consigo el dichoso cristalito? Algún rinconcito tendrán acá para alguien como ella que fue miliciiana, me parece a mí... —quiso parecer simpática.

—Qué va, cielo mío, no podemos responsabilizarnos con el muerto de nadie. Ya bastante tenemos con los que hay aquí, tan solapea'os, con menos dolientes que aspirinas en la farmacia de Línea.

—Pero no puedo cargar de nuevo con ella, bajo este sol, a riesgo de que me vuelva a parar la policía. ¿No entiendes? Con este sol y este calor se me va a descomponer...

—Aquí se te va a descomponer de todos modos, se rompió el aire acondicionado, y aunque lo hubiera, mira, ¿no has notado que volvieron a cortar la electricidad? Los muertos se descomponen a la corta o a la larga. Yo, lo que así, de buena amiga, lo que, vaya, puedo hacer por ti, ahora *mijmitico*, es aconsejarte que te llegues a la ferretería de Carlos Tercero, y allá a lo mejor, quien quita, que todavía queden cristalitos... En fulas, o sea, en dólares.

Anisia salió como si la llevara el diablo, intentó acomodarse y acomodar a la anciana entumecida en la bicicleta y pedaleó, pedaleó, pedaleó, sin saber a dónde. O, mejor dicho, sin saber de dónde sacar los fulas para por fin poder comprar el cristalito.

RETRATO

Abrí los ojos al mundo el 2 de mayo de 1959 en la antigua Clínica Reina, en La Habana. Mi madre no se sorprendió cuando mi padre exclamó asombrado: «¡Qué fea es…!».

En verdad fui una recién nacida bien poco o nada agraciada; mi piel era un pellejo azul, con los labios estrujados y añiles, extremadamente flaca, era hueso y piltrafa nada más.

Durante nueve meses estuve devorando a mi madre por dentro, pero al mismo tiempo ella se nutría espiritualmente de mí; sabido es que el hambre espiritual resulta insaciable y aniquila a su presa. Mientras más bella se volvió mi madre, más rara crecía yo en su vientre. Nací, más que nada, rara.

—Se arreglará —suspiró mamá, mientras mi padre huía despavorido por el corredor de la sala de partos hacia la avenida—, será la niña más linda del mundo. Sólo hay que armarse de paciencia.

—Será la más inteligente —puntualizó a su lado mi abuela materna—. Con que sea la más inteligente bastará.

Mi abuela paterna nunca se apareció hasta que empecé a agraciarme; ella prefería los amantes jóvenes a los nietos deformes.

En esto pensaba cuando Sonia Pérez, fotógrafa de la revista Cuba Internacional, tomaba ese retrato que aparece en la portada de este libro, recordaba en los cuentos de mi madre con relación a mi nacimiento. Y, desde luego, todavía hoy, cada vez que me dispongo a cumplir con una sesión de fotos no consigo impedirme evocar la impresión de mis padres esa noche del 2 del mayo de 1959.

Es verdad, con el tiempo me arreglé un poco, tal como preconizó mi madre, aunque seguí desganada, con otro tipo de hambre que no lograba precisar bien... Mi abuela me puso en las manos lo más temprano que pudo los *Episodios Nacionales* de Benito Pérez Galdós, leíamos juntas, yo sentada al borde de la cama y ella en el sillón donde de bebé me había mecido en sus brazos.

A los tres meses de nacida, mi padre se marchó del hogar y no volvió nunca más. Inconscientemente culpabilicé a mi físico de su partida, lo que tampoco llegó a ser un trauma mayor.

El día en que Sonia Pérez hizo el retrato yo cumplía con el servicio social universitario trabajando en los Diarios de Carlos Manuel de Céspedes, en el Museo Colonial. Todavía no había cumplido los diecinueve años, aunque estaba a pocas semanas de mi cumpleaños. En el retrato se nota lo poco desarrollada que estaba. Conservaba algunos dientes de leche y los pezones despuntaban apenas hinchados. Perdí entera la primera dentición anormalmente muy tarde, y me nacieron los senos de verdad cuando parí a mi hija y debí amamantarla durante un año.

Sí, lo único que no ha sido tardío en mí ha sido la lectura y la escritura. Aprendí a leer con tres años, y me inicié en la escritura de un diario, ya lo he mencionado, antes de llegar a los once; mi abuela me instigó a garabatear, luego a escribir. Ella pronosticaba que me haría rica escribiendo, mientras que por detrás mi madre gritaba escandalizada que al contrario, me moriría de hambre como todos los escritores de este maldito mundo, y que mejor aprendiera a hacer croquetas o por lo menos sopas de pollo.

Terminé tarde en el Museo, la fotógrafa regresó a la revista prometiéndome un hermoso retrato. Fui a encontrarme con mi hermano Gustavo en la calle Tejadillo. Gusty recién había cumplido los trece y era más alto que yo, muy lindo y seductor.

Deambulamos por La Habana Vieja y nos dirigimos al cuarto de Mercaderes 2, el Solar de los Intelectuales. Mi hermano se sentó frente a mí, me dijo que la luz que entraba por el ojo de buey resaltaba mi belleza. Me reí. Nunca nadie me había dicho que era bonita.

—Tú no eres bonita, tú eres una fea atractiva. Tú eres inteligente —recordé las palabras de mi abuela.

Creo que esa fue la última vez que vi a Gusty en La Habana. Mi padre consiguió embarcarlo en un avión para Panamá. De Panamá viajó como clandestino hasta Miami, y de ahí subió acompañado de su tío materno a New Jersey, donde enseguida se puso a estudiar y a trabajar. Hizo una carrera artística como fotógrafo en Nueva York, luego fue galerista, y terminó siendo médico, con un enorme esfuerzo, admirable.

Gusty fue el primero que cuando descubrió ese retrato de la portada lo imaginó y pensó para un libro. Cuando en los noventa desandábamos Nueva York también me tomó fotos a montones en casi todos los lugares famosos de Manhattan. Juntos buscábamos y comprábamos vestidos y zapatos que me hicieran parecer todavía más hermosa y sensual, según él, me regalaba aretes largos, nos divertíamos como locos... Mi padre, encanecido y fatigado de tanto trabajar en la mueblería, nos observaba al regreso de las tiendas, felices, y sonreía satisfecho.

—Oye, lo que tú has cambiado, mi hija, porque mira que eras fea de chiquita... Tu madre tuvo razón, te arreglaste una barbaridad.

Entonces pensé para mis adentros que mamá siempre tuvo razón. Y abuela también. Abuela mucho más.